お弁当づくりの地頭がよくなる

お弁当のセカイ

30年間お弁当を作り続ける主婦
野上優佳子
NOGAMI YUKAKO

はじめに

小学5年生の誕生日プレゼントに、オーブンをねだって買ってもらいました。両親とも忙しく、そしておおらかな人なので、キッチンで包丁を持ったり火を使ったりするのを咎《とが》められることもなく、それから毎日のようにレシピ本を開いて好きなままに料理をしていました。そんな私にとって中学からのお弁当生活、これは「毎朝自分で好きに料理をして良い」ということばかりに、母に断るまでもなく嬉々として作り始めました。その生活が試行錯誤とともに続いていて、今も日々変化し成長しています。そこには、家族構成や子どもの成長、自分自身の働き方などが如実に反映されていて、その変遷《へんせん》は私の人生そのものかもしれません。

お弁当はポータブルな食卓。フタを開ければ、そこには我が家があります。13歳から作り始め、今年でちょうど30年。毎日の食事の１つとして、負担なく楽しく、食べるときにおいしいものであるように願い、今日もお弁当を作っています。

１９０５年刊行の『日用便利　弁当料理案内』という本には、「汁の甚《はなは》だしく漏《も》れ出づるもの」や「直ちに腐《ふ》敗《はい》するもの」は弁当にむかず季節に合わせ弁当箱の種類も変えた方が良い、と書かれています。１１０年前の本にも今と同じような注意書きとは。いつの世にもお弁当づくりには悩みがつきもののようです。今の私がなんとなくたどり着いているお弁当の等身大の話が、同じくお弁当を作る同士の皆さんのヒントに少しでもなれたら、とてもうれしく思います。

もくじ

CHAPTER 3

CHAPTER 4

CHAPTER 5

〈計量単位について〉
本書では、1カップ＝200cc、
大さじ1＝15cc、小さじ1＝5ccとしています。

野上家のお弁当4原則

①

肩の力を抜いて、「がんばらない」と決める

考えてみれば普段のお弁当は、持ち歩くという条件はあるものの、シンプルに「1日3度の食事の1つ」。たまに同じおかずが続いたってOK。楽しく、たんたんと続けていきましょう。

②

食べる人の「おいしい！」が唯一にして最大の優先事項

人と比べず、世間の意見に惑わされず、食べる人の方だけを向きましょう。お弁当の主役は食べる人。そう、主役はお弁当を作るあなたではないのです。

③

作り置きは最小限。大半はその日の朝に作る。

だからといって、難しく考えなくても大丈夫！　簡単に「おいしい」を実現するためのルールをこの本でお伝えしますね。「カンタン」は決して「手抜き」ではありません。

④

お弁当箱選びの決め手は自分の優先順位の把握！

あれも大事、これも必要……。いくつもの希望と条件を前に優柔不断では、お弁当箱選びも迷宮入りです。自分にとって「これが一番大切！」と腹をくくって選んでみて。失敗したら学べばいいんです。

CHAPTER 1

お弁当をルール化！最短距離で「おいしい」を実現

お弁当の主役は、作る人ではなくて「食べる人」。食べる人のために作る。私はいつもそう思っています。自分のために作るときもそれは同じ。お弁当は、「作る」ことや「写真を撮る」ことではなく、「食べる」ことがゴール。食べるときに「あー、おいしかった！」とフタを閉じられたらそれでよし。これが私にとってのお弁当の大原則です。

食べる人が食べるときにおいしいのがいい。フタを開けるのが楽しみになるといい。そして食べたとき、体と心の栄養にちょっとぐらいなってくれたら、もっといい。

だから私は、お弁当をできるだけその日の朝に作ります。冷凍食品も使いません。やっぱり作りたてが一番おいしいし、衛生面を考慮してもそれがいい。忙しい朝の時間にそんなの大変、と思われるかもしれません。実際に私自身、朝の限られた時間の中、お弁当づくりに捻出できる時間はわずか。でも、その中でお弁当を作るのには、私なりのちょっとしたルールのようなものがあります。1つひとつはとても簡単。すぐ取り入れられるものばかりです。もちろん、人それぞれ生活リズムが違うので全てが当てはまる訳ではないですが、これならいいかも、と思っていただけるものがあったら試してみてください。「おいしい」って意外と簡単なのね、と実感いただけるはずです。

「手抜き」でなくて「カンタン」。確かにお弁当は外で食べるから、他者の目、世間の意見を意識せざるをえない。それがお弁当づくりのハードルを上げちゃうところがあるんですけどね。でも、食べない人の方を向かなくてもいいのです。食べる人の「おいしい」が一番！

あなたの「定番おかず」は何ですか？

　お弁当は毎朝、限られた時間の中で作ります。中に何を詰めよう、なんて迷い始めると時間ばかりが過ぎていきます。そんなときに、これなら絶対に食べ飽きない！　という定番おかずを持っていれば、メニュー決めがずいぶん楽になります。「とりあえず、これ」の確実な1品が決まるわけです。作り慣れたものは、作業に無駄な動きがなくて、多少材料が揃わなくてもやりくりできるし、仕上がりも安定のおいしさ。お弁当づくりの本当に心強い味方です。例えば私なら豚生姜焼きやにんじんの味噌きんぴら。あなたの定番おかずは何ですか？

我が家で不滅のおかずローテーション

ひじき煮、五目豆、切り干し大根煮が我が家のお弁当「煮物」枠のクリーンアップ。一番の理由は、どれも家族全員の好物だから。さらに、①主材料が乾物や缶詰で買い置きOK。②煮るだけの単純調理。③鍋の大きさと基本の味付け（みりんとしょうゆ）が一緒で、調味料の割合と完成量を把握しやすい。④油揚げや練り物などダシになる食材と、にんじん・れんこん・しいたけなど具材の組合せバリエーションが豊富。これら4つのメリットが共通しています。そして、作るときには中途半端に残さず1袋全部使い切るのが私流。夕食の副菜まで含めてたっぷりと作ります。

切り干し大根の煮物

切り干し大根は、水洗いしてぎゅっとしぼりお鍋の中でぬるま湯で戻し、戻し汁ごとそのまま調理。余ったら混ぜご飯の具などに。

ひじきの煮物

しょうゆとみりんが基本ですが、しょうゆの代わりに味噌を使ってもおいしい。和風ハンバーグやまぜご飯、卵焼きの具にも。

五目豆

水煮の缶詰を使えば調理時間がぐんと短縮。残ったら、油揚げに卵と一緒に入れて袋とじにしてダシで煮れば、宝煮のできあがり。

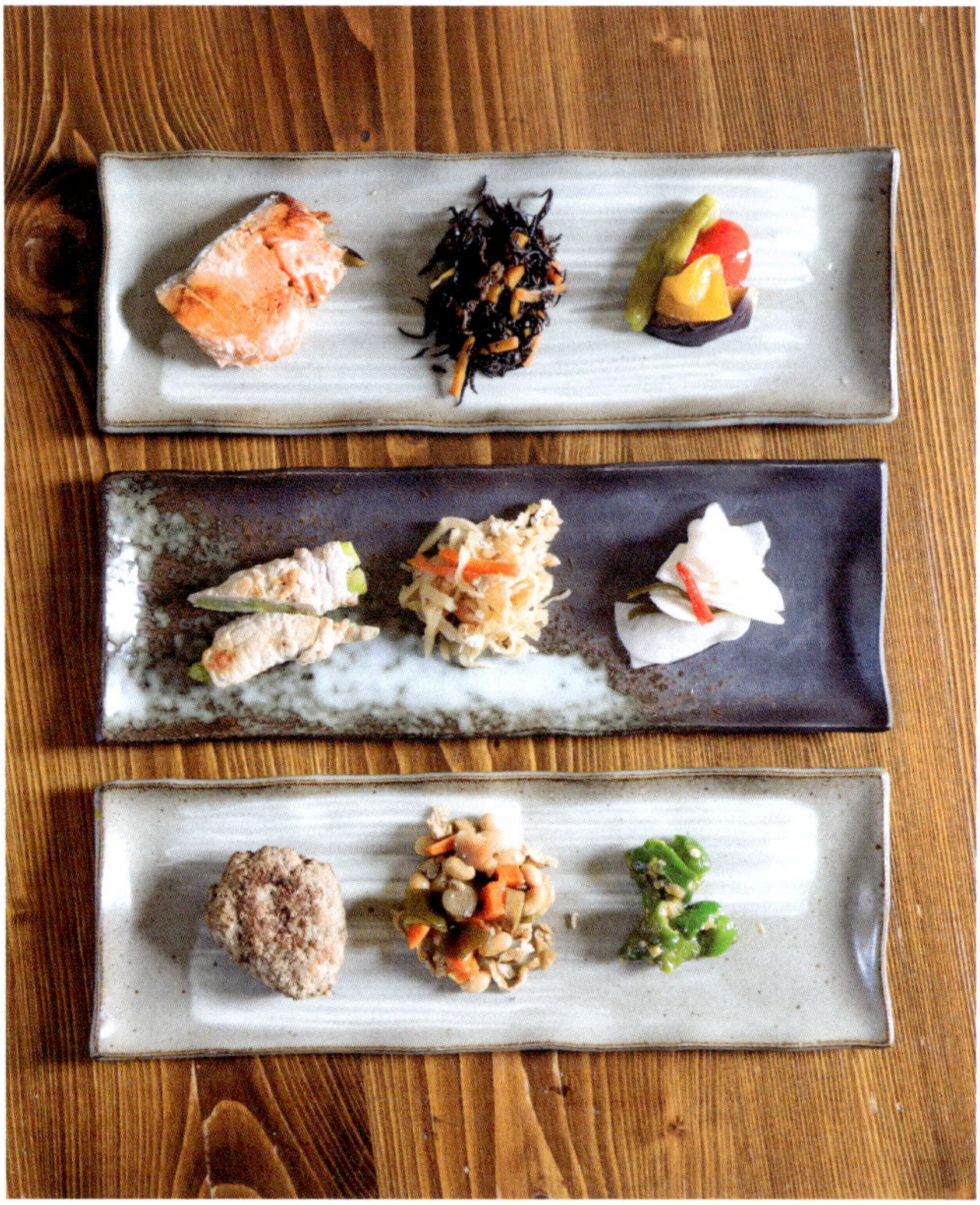

中身は「メイン」+「煮物」+「和え物」を作るものだと決める

仕事の際、ゼロからでは進まなかった議論が、簡単なたたき台を示すと一気に進むことがよくあります。お弁当も同じ。シンプルなフォーマット（メイン・煮物・和え物か炒め物の3枠）があれば完成図を描きやすく、あとはコンテンツ（おかず）を決めるだけ。まず枠が定まることで、一気にメニュー決めが楽になります。我が家は3口コンロとグリル。そこで並行してメインを焼き、煮物を作り、ゆでる（和え物）か炒めるかで3品。あとはすき間を卵焼きやミニトマト等で埋めればよし。うちのお弁当はたいていその構成で、自ずと配置も決まっています。

飽きない中身は味のバランスから「甘・辛・酸」を自在に操るルール

お弁当の中身が、気づけば全部しょうゆとみりんの味付けばっかり、なんてことがあります。そうすると、見た目も同じような色合いに。甘辛味、ごはんにぴったりで、おいしいんですけれどね。でも、メニューを考えるときには、ちょっと味のバランスを意識してみるといいかもしれません。

飽きのこない中身のポイントは、「甘・辛・酸」の味がバランスよく1箱に収まること。それも実は簡単で、下図のように、異なる味付けをメイン・煮物・和え物（炒め物）にそれぞれ当てはめるだけなのです。

「甘」の味付けなら、例えばみりんや砂糖、はちみつ。「辛」は、しょっぱいも含んで、塩・しょうゆ・味噌・ソース。「酸」は、酸味のある酢（米酢やワインビネガー）やマヨネーズ。これらを単体で考えずに組み合せれば、バリエーションは無限大。次のページでその組合せを学びましょう！

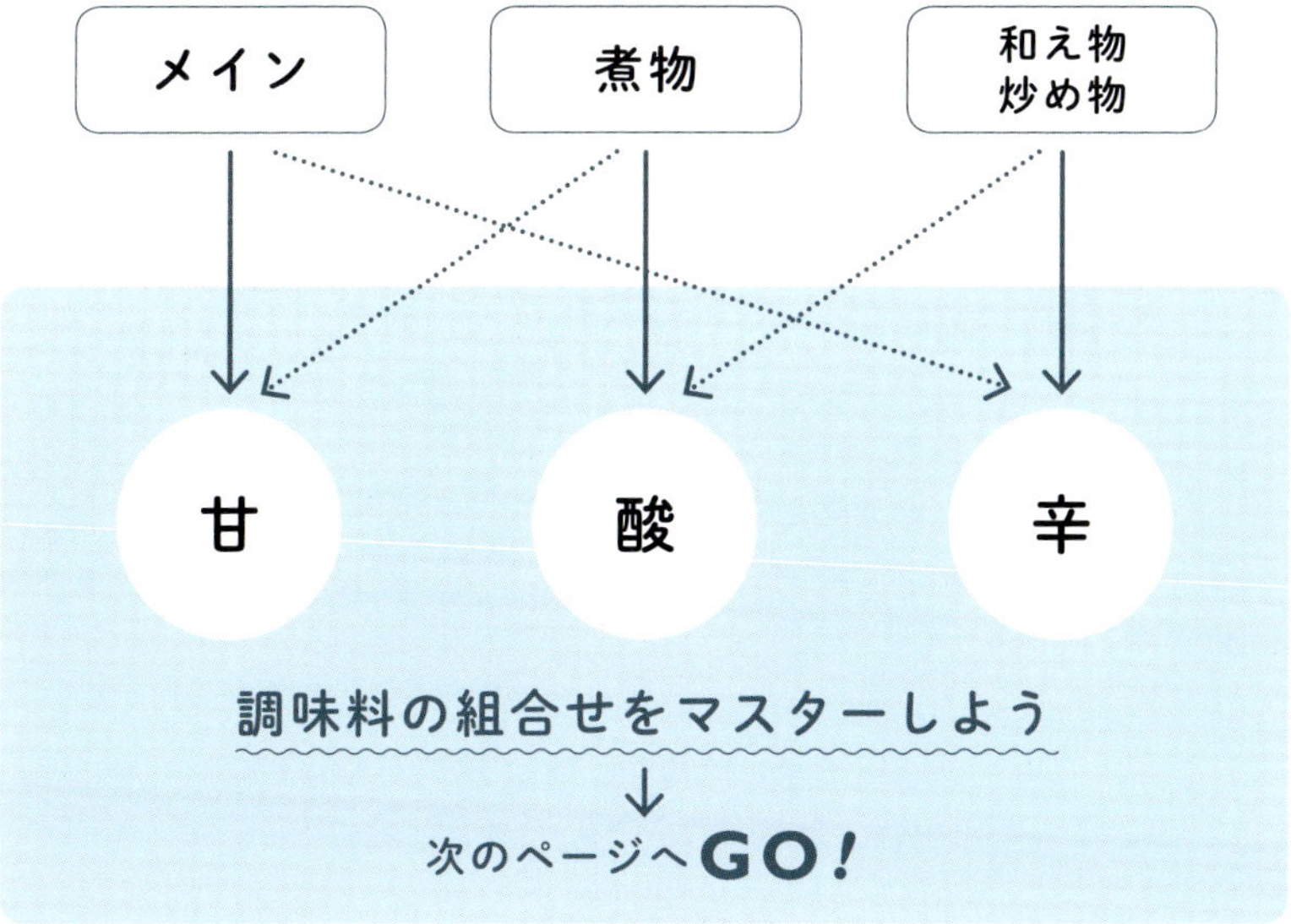

確実な組合せを伝授！

味付けバリエーション早見表

「甘・辛・酸」の調味料も組み合せることでさらにバリエーションが拡大。
ここでは確実においしい組合せを紹介します。
「味付け」から逆引きで、メニューを考えてもよし！

甘

みりんや砂糖、はちみつなど。
かぼちゃやさつまいも、豆など甘みの強い食材

甘

かぼちゃ、さつまいも＋砂糖＋塩＝ 甘煮

甘辛

しょうゆ＋みりん＝ 煮物、照り焼き

しょうゆ＋みりん＋砂糖＝ 佃煮

しょうゆ＋はちみつ＋酒＋ごま油＝ 焼き肉のタレ風

しょうゆ＋酒＋オイスターソース＝ 中華風炒め

味噌＋みりん＋砂糖＝ 肉や野菜の甘味噌炒め

味噌＋砂糖＋菜種油＋薬味野菜＝ おかず味噌
（田楽、焼きおにぎり、ご飯のお供に）

酸

酢（米酢やワインビネガー）や
マヨネーズ、
食材ならレモンや
すだちなどの香酸柑橘類

酸
オリーブ油＋レモン＝肉や魚の下味
柚子＋しょうゆ＋酒＝柚庵《ゆうあん》焼きの漬けダレ
マヨネーズ＋酢＋塩＝サラダの味付け

甘酸
酢＋砂糖＝酢の物（三杯酢の和え物など）
酢＋しょうゆ＝肉の味付け
梅肉＋みりん＝梅肉和え

甘酸辛
酢＋白味噌＋ねりがらし＝酢みそ和え
酢＋しょうゆ＋みりん＋鷹の爪＝南蛮漬けのタレ

辛

塩、しょうゆ、味噌、唐辛子、
豆板醤、こしょう、わさび、
辛子、マスタード

辛
塩＋ごま油＋こしょう＝ナムル
豆板醤＋ごま油＋酒＋しょうゆ
＝中華風炒めまたは和え物
しょうゆ＋わさびまたはねり辛子＝和え物
しょうが＋しょうゆ＝魚の漬け焼き
昆布＋水＋塩＋鷹の爪＝ピリ辛浅漬け

辛酸
粒こしょう＋塩＋ワインビネガー＝魚の酢漬け

薬味上手は料理上手
味のマイナーチェンジもお手の物

　味付けしたけれど、ちょっと「味が物足りない」とき、味見するたび調味料を増やしていくと、その足し算がどんどん複雑になり、しまいには答えがわからなくなって、迷宮に陥ることもしばしば。そんなとき私は、薬味や香辛料をちょっと足します。ベースの味付けやダシがちゃんと入っていれば、香りや辛みといった持ち味を発揮して、味を引き締め色味も豊かになります。

しょうが

すっきりした辛みとさわやかな香り。すりおろして肉や魚の臭みとりや和え物の香味付け、千切りにして炒め物にと、万能選手。

大葉

さわやかな香りが豊か。熱に弱くて変色しますが、千切りにして和え物や炒め物の味のアクセントには抜群の効果です。

青ねぎ

美しい緑色で、ほんの少し小口切りを添えるだけで彩りに。長ねぎよりも香りや辛みがなく、子どものお弁当にも使えます。

しょうがは水に浸して保存

TVでしょうが農家さんが言ってましたよ！と、あるとき教えてもらいました。たっぷりの水に浸けてフタ付きビンで冷蔵保存すると、1ヶ月経っても驚きの鮮度！水は3日に一度換えて。

みょうが

ちょっとくせがありますが、さわやかな香りと彩りを添えてくれます。大人のお弁当に添えると、味わいに幅がぐんと広がります。

すだち

国産のすだちは皮ごと使えるのが魅力。果汁を搾ってお酢代わりに、皮をすりおろして和え物に。季節限定の豊かな酸味と香り！

にんにく

すりおろして肉や魚の下味に、みじん切りにして炒め物やトマト煮などに加えればぐっと味に深みとうまみが増します。

持て余しがちな「変わりダネ調味料」にはコツがある

ナンプラーやゆずこしょう等の「変わりダネ」が欲しくなったときは、まず店頭の最小サイズから。そして目的の料理をスタートダッシュで毎週作ります。そうすれば自分の定番になり、調味料も使い切れて良いことずくめ。また、調味料の香りを嗅いで、少々なめてみて「あの味に似てる」と発見があればしめたもの。様々なメニューと組み合わせて味の相性確認を。こうして自分の定番へと育てるのは、とても楽しいです。ちなみに調合調味料は、購入前にラベルを一瞥《いちべつ》。原料の大半が家にあれば、1つぐらい欠けたって平気。自家製調味料に挑戦してみて！

冷蔵庫に眠ってませんか？
「変わりダネ調味料」活用術

ゆずこしょう

- わさびの代わりに。お刺身や冷や奴の薬味として。
- ドレッシングにまぜる。さっぱりしていて酢とも相性よし。すっきりピリリと辛い。
- マヨネーズにまぜて、ゆで野菜や焼いたお肉に。ケッパーを少々刻んで加えたような、マスタードとまぜたような風味の変化をつけられます。

甜《てん》麺《めん》醤《じゃん》

- 炒め物に。ごま油＋酒（紹興酒があればなおよし）＋甜麺醤で辛くない中華風炒めがスグ完成。
- 肉の漬けダレに。酒でのばして肉を漬ければ、一般的な味噌漬けとは異なる風味が楽しめます。
- 肉味噌がおすすめ。甘みとコクがあるので肉としょうがを共に炒めるだけで簡単にできます！

ナンプラー

- まずはチャーハンに。ごま油＋ナンプラー＋パクチーで簡単にエスニック風。
- スープの味付けに。にんにく＋ナンプラーのスープは、鶏肉やエビなど、さっぱりしたダシにぴったり。フォーやレモン、赤唐辛子を添えて。
- 煮物や炒め物に。ナンプラーを味付けのメインにしてエスニック風に。

買う前に、ちょっと待って！
身近な調味料で代用してみましょう

スイートチリソース→赤唐辛子＋はちみつ＋ナンプラー＋酢

甜麺醤→赤味噌＋しょうゆ＋砂糖

コチュジャン→赤唐辛子（粉）＋味噌＋ねりごま（またはごま油）＋すりおろしにんにく＋砂糖

焼き肉のタレ→しょうゆ＋はちみつ＋酒＋にんにくすりおろし＋ごま

「お弁当の彩り5色＝難しい」の思い込みを捨てよう

私には、お弁当に「赤・緑・黄・白・黒または茶」の5色が入っていれば、おいしそうに見えて、色が違えばたいてい味や栄養も違うからバランスもいいかな、というかなり大雑把なマイルールがあります。割合はあまり気にせず。だから、お弁当のメニューを考えるときは、5色が入るように食材を選びます。買い物の前にもざっと冷蔵庫を眺めて、何色が欠けているかを確認してから出かけます。5色って大変！　と思うかもしれませんが、黒は黒ごま、黄色は卵でいいし、緑ならドライパセリひとふりでもOK。堅苦しく考えず、ざっくりでいいのです。

「チョイ足し」で即、5色に導ける

ほんの少しふりかけたり、加えたりするだけでOKな便利食材を活用！

赤

ミニトマト
ポンと入れるだけ。味よし色よし形よしの名脇役！

赤

梅干し
ご飯の上に乗せてよし、梅肉にして和え物にも

赤

ケチャップ
ご飯や野菜を炒めたり、ひとしぼりで味付けと彩りに

緑

青のり
天ぷらの衣にまぜたり、ご飯や焼き魚にひとふり

緑

大葉
肉や魚をクルリと巻いたり、千切りで和え物に加えても

黄

コーン
ご飯やサラダにまぜたり、そのままでもOK

黄　黒

のりたまふりかけ
ご飯にかければ、ちゃんと彩りの脇役に

黒

刻み海苔
ご飯や焼きうどん、和え物のアクセントに

黒

黒ごま
ごま和え、フライの衣、ご飯の上に、と活躍！

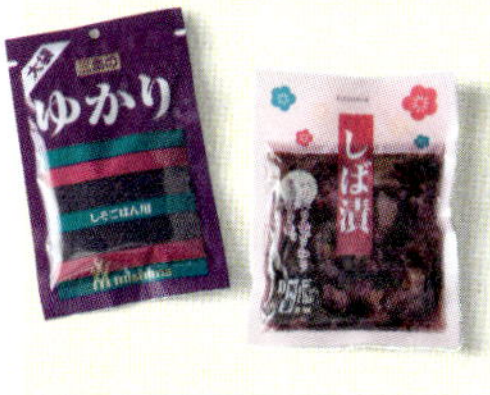

自然の紫色は、赤や黄のおかずの引き立て役に

よく、赤や黄色の暖色系と中間色の緑は食欲を増進させ、寒色系の青や紫色は食欲減退させる、と言われます。一方、赤と緑、紫と黄色などの対比色はお互いを引き立てる組合わせに。赤じそや柴漬け、茄子などの自然に備わった紫色を少し添えることで、他の暖色のおかずがぐっと引き立ちます。

赤のおかず

暖かみある色合いで彩りを添える赤色おかずは、お弁当を華やかにしてくれます。加熱したり時間が経ったりしても色がくすみにくく、変形しづらいにんじんやミニトマト、赤パプリカは心強い味方です。

甘

にんじんの味噌きんぴら

おいしさのコツは、じっくり炒めること

材料

にんじん 2本　ごま油 大さじ1　味噌 大さじ1.5
酒（または水）大さじ2　いりごま 大さじ1

つくり方

1　にんじんは皮をむき、拍子木切りにする。味噌は酒を加えてまぜてのばしておく。

2　フライパンにごま油とにんじんを入れて火にかける。弱めの中火で3～4分じっくり炒める。

3　にんじんに火が通ったら、溶いた味噌を加え、汁気を飛ばしながら炒める。最後にごまをふる。

甘辛

にんじんの土佐煮

かつおぶしをまぶすから、ダシ要らず

材料

にんじん 1本　水 大さじ3　みりん 大さじ1
しょうゆ 大さじ1　削りがつお 1パック

つくり方

1　にんじんは皮をむいて輪切りにする。

2　鍋に削りがつお以外の材料を入れて火にかける。沸騰したら弱火にし、汁気がなくなるまで煮る。

3　にんじんに火が通り、汁気がなくなったら削りがつおを加えて全体にからませる。

酸

キャロットラペ

ビタミンたっぷりさっぱり味で体を元気に

材料

にんじん 2本　塩 小さじ1　オリーブ油 大さじ1
砂糖 小さじ2　レモン果汁 1/2個分　こしょう 少々　パセリ お好みで

つくり方

1　にんじんを千切りにする。塩をまぶして5分置く。

2　5分経ったらにんじんの水気をしぼる。

3　オリーブ油と砂糖、レモン果汁、こしょうを加えて和える。仕上げにお好みでパセリをふる。

甘辛

赤パプリカの焼き浸し

加熱しても色鮮やか。肉厚で食べ応えもあり

材料

パプリカ 2個　ごま油 大さじ1　しょうゆ 大さじ2　砂糖 大さじ1　みりん 大さじ1

つくり方

1　パプリカは種をとって、タテに6～8等分にする。

2　みりん、しょうゆ、砂糖はよくまぜ合わせ、平らな保存容器に入れておく。

3　フライパンにごま油を熱し、パプリカを焼く。両面に焼き色がついたら取り出し、熱いうちに2につける。5分以上浸けて味をなじませる。

辛

赤パプリカとじゃこのきんぴら

ちゃちゃっと炒めてご飯のお供ができあがり

材料

パプリカ 2個　ちりめんじゃこ 50g　ごま油 大さじ1/2　酒 大さじ2　しょうゆ 大さじ1　白ごま 小さじ2

つくり方

1　パプリカは種をとってさいの目切りにする。

2　フライパンにごま油を熱し、ちりめんじゃこを軽く炒めたら、パプリカを加える。

3　パプリカに焼き色がつくまで炒めたら、酒としょうゆで味付けし、お好みで白ごまをふる。

甘

ラタトゥイユ

野菜の甘みたっぷり。作り置きも OK

材料

玉ねぎ 1個　にんにく 1かけ　なす 1本　パプリカ(赤) 1/2個　パプリカ（黄）1/2個　セロリ 1/2本　トマト水煮缶 1/2個　トマトケチャップ 大さじ2　塩 小さじ1　白ワイン 大さじ1　オレガノ（乾燥）2つまみ

つくり方

1　にんにくはみじん切り、その他の野菜はさいの目切りに。

2　鍋に全ての野菜とトマト水煮を入れ、木べらでまぜながら強火にかける。

3　沸騰したらその他の調味料を全て加える。途中まぜながら中火で15分煮た後、火を止めフタをして常温になるまで置く。

甘酸

ミニトマトのはちみつマリネ

デザート感覚で。まるでフルーツのよう

材料

ミニトマト 12個　酢 1/2カップ　はちみつ 大さじ1.5　塩 1つまみ　ローリエ 1枚

つくり方

1　ミニトマトはヘタをとり、1～2カ所楊枝で穴をあける。

2　酢とはちみつ、塩、ローリエを合わせてよくまぜる。

3　2に1を加える。冷蔵庫で20分以上冷やして味がなじめばOK。

黄のおかず

お弁当に明るさを添えてくれる黄色のおかずは、かぼちゃやさつまいも、コーンと、なぜか子どもの大好きなちょっと甘めの食材が多いです。副菜というと野菜が中心ですが、卵も実は卵焼き以外の活躍をしてくれますよ。

甘

かぼちゃの甘煮

ほっくりおいしい、いつものあの味

材料

かぼちゃ 1/4 個（約 350g） 水 2/3 カップ 酒 大さじ 1 砂糖 小さじ 1 しょうゆ 小さじ 1

つくり方

1 かぼちゃは種とワタをとって適当な大きさに切る。

2 水とかぼちゃを鍋に入れて火にかける。煮立ったら砂糖と酒を加え、フタをして中火で 4 ～ 5 分煮る。

3 かぼちゃに火が通ったらしょうゆを加え、弱火で 3 分。煮汁がなくなったら火を止める。フタをしたまま冷ます。

甘酸

かぼちゃのごま風味サラダ

ごまが深みと香ばしさをプラス

材料

かぼちゃ 1/4 個（約 350g） 白ごま 大さじ 2 塩 小さじ 1/2 マヨネーズ 大さじ 1 ～ 1.5 こしょう 少々

つくり方

1 かぼちゃは種とワタをとって一口大に切る。耐熱皿に並べて電子レンジで 4 ～ 5 分加熱。中心まで火を通す。

2 かぼちゃをマッシャーなどでつぶす。塩をふって軽くまぜ、粗熱がとれたらマヨネーズと白ごま、こしょうを加えてまぜ合わせる。

甘辛

コーンバター

子どもはみんな、大人も大好き

材料

ホールコーン（缶詰）1 缶（130g） バター 小さじ 1 パセリ 少々 しょうゆ 小さじ 1

つくり方

1 コーンの水気をしっかり切る。パセリはみじん切り。

2 フライパンにバターを入れて火にかける。バターが溶けたらコーンを加えて炒める。

3 しょうゆを加え、汁気を飛ばすように炒める。最後にパセリを加える。

甘酸

さつまいものレモン煮

色合いもきれいなさっぱり煮物

材料
さつまいも 1本　レモン 1/4個（※ワックス等未使用の国産以外は皮をむく）　砂糖 大さじ1　塩 小さじ1/4　水 1カップ程度

つくり方
1　さつまいもはたわしでこすり洗いし、皮付きのまま1cm幅の輪切りにしたら水にさらしてアク抜きする。レモンは薄切りにする。
2　鍋にさつまいもと砂糖、水を入れて火にかける。沸騰したら弱火にし、塩とレモンを加えて5分、やわらかくなるまで煮る。

甘

さつまいものバター焼

バターしょうゆが甘みをひきたてる

材料
さつまいも 1本　バター 大さじ1　しょうゆ 大さじ1

つくり方
1　さつまいもはたわしでこすり洗いし、皮付きのまま輪切りにする。切った先から水につける。
2　耐熱皿にさつまいもを並べ、ラップをして5分加熱する。取り出して表面の水気をふく。
3　フライパンにバターを熱し、さつまいもを中火で焼く。両面をきつね色になるまで焼いたらしょうゆを加え味をからめる。

甘酸

卵サラダ

そのままでも、サンドイッチの具にも

材料
卵 3個　玉ねぎ 1/4個　パセリ 少々　塩 小さじ1/4　マヨネーズ 大さじ2　マスタード 小さじ1

つくり方
1　卵は固ゆでにして、殻をむいてつぶす。パセリはみじん切りにしておく。
2　玉ねぎはみじん切りにしてさっと水にさらし、キッチンペーパーで水気をしぼる。
3　全ての材料を合わせてまぜる。

辛酸

うずら卵のカレー酢漬け

うずら卵の新たなおいしさ

材料
うずら卵（ゆでたもの）20個
〈ピクルス液〉白ワインビネガー 150ml　水 70ml　にんにく 1かけ　砂糖 小さじ1　塩 小さじ1/2　カレー粉 小さじ1

つくり方
1　清潔なビンに、水気をふいたうずらの卵を詰める。
2　〈ピクルス液〉の材料を鍋に入れる。沸騰したら火を止め、熱いうちに静かにビンに注ぐ。
3　フタをきつく閉じてひっくり返し5分後元に戻す。常温になったら冷蔵庫に入れ、一晩味をなじませる。

緑のおかず

目にも体にもヘルシーな緑色は、野菜の種類も多くいろいろな味のアレンジができます。ゆでてそのまま入れるのもいいけれど、ちょっとの一工夫で箸休めになったり、ご飯のおかずになったりと、さらにおいしいおかずに変身します。

甘

ピーマンの甘味噌炒め

ピーマンと味噌は好相性。ご飯がすすみます

材料

ピーマン４～５個　ごま油 大さじ１
〈合わせ味噌〉味噌 大さじ１　砂糖 小さじ１　みりん 大さじ１

つくり方

1　ピーマンはヘタと種をとって乱切りにする。〈合わせ味噌〉は調味料を全て合わせて溶いておく。

2　フライパンにごま油を熱し、強火でピーマンを炒める。焼き色が付いたら〈合わせ味噌〉を加え、汁気を飛ばし味をからめる。

酸

きゅうりの梅おかか和え

火要らず簡単、さっぱり箸休め

材料

きゅうり２本　削りがつお１パック（5g）　梅干し１個　みりん 大さじ１

つくり方

1　きゅうりはヘタを切り落とし、すりこぎで叩く。きゅうりがつぶれたら、手で食べやすい大きさに割る。

2　梅干しは包丁で叩いてペースト状にし、みりんとまぜてのばす。

3　1と2を和え、削りがつおを加えてさらにさっと和える。

辛

きゅうりのピリ辛漬け

豆板醤を効かせて、大人向けに

材料

きゅうり２本　しょうゆ 大さじ１　豆板醤 小さじ１　砂糖 小さじ1/2　ごま油 小さじ１

つくり方

1　きゅうりはヘタを切り落とし、すりこぎで軽く叩いてつぶしたら、手で食べやすい大きさに割る。

2　全ての材料をビニール袋に入れて軽くもみこむ。そのまま口を閉じて30分冷蔵庫で冷やして味をなじませる。

甘

いんげんの粉チーズ炒め

チーズの香ばしさで冷めてもおいしく

材料

いんげん 10本　オリーブ油 大さじ1　塩 小さじ1/4～1/3　こしょう 少々　粉チーズ 大さじ1

つくり方

1　いんげんは両端を切り落とし、食べやすい長さに切る。

2　フライパンにオリーブ油といんげんを入れて火にかけ、1～2分ほど炒める。

3　いんげんに火が通ったら、チーズと塩、こしょうを加えて味を整える。

甘

いんげんのピーナッツ和え

さっと和えればご飯のおともできあがり

材料

いんげん 10本　ピーナッツ（粉末）大さじ1　しょうゆ 大さじ1/2　砂糖 大さじ1/2

つくり方

1　鍋に塩（分量外）を加えた湯を沸かし、いんげんをゆでたらザルに上げて水切りし、冷ます。

2　冷めたら水気をふきとり、両端を切り落として食べやすい長さに切る。

3　ボウルにピーナッツと調味料を加えてまぜ合わせ、2を加えて和える。

辛

ブロッコリーのペペロンチーノ

ゆでるだけじゃない。焼くとおいしいんです

材料

ブロッコリー 1株　鷹の爪 1本　オリーブ油 大さじ1　酒 大さじ1　塩 小さじ1/3～1/2

つくり方

1　ブロッコリーは小房に分け、鷹の爪は種をとって輪切りにする。

2　フライパンに鷹の爪、オリーブ油を入れて弱火にかけ、ブロッコリーを加えて軽く炒める。

3　酒を加え、フタをして1分中火で蒸し焼き。その後フタをとり、炒めながら塩で味を整える。

甘辛

しょうが風味の小松菜ナムル

ごま油の香りで食欲増進

材料

小松菜 1束　しょうがのすりおろし 少々　ごま油 大さじ1　塩 小さじ1　砂糖 2つまみ　いりごま 適量

つくり方

1　小松菜は塩（分量外）を入れた熱湯でゆでて水にさらし、水気をしぼったら食べやすい長さに切る。

2　ごま油、塩、しょうがすりおろし、砂糖をボウルに入れてよくまぜたら、1とごまを加えて全体を和える。

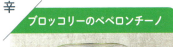

茶のメインおかずのアイディア

揚げ物や焼き物、メインのおかずは茶色多し。そのままもおいしいですが、ちょっとした調味料の組合わせで味や色合いにバリエーションが生まれ、マンネリも回避。

からあげ

甘酸

レモン風味

翌日の揚げ物って、ちょっと油っぽくなります。そんなときは余分な油をペーパーで拭いてレモン汁と和えてみて。さっぱりさわやか風味です。

甘辛

卵とじ

食べやすい大きさに切って、玉ねぎの千切りとめんつゆで軽く煮込んで卵でとじる。鶏肉の火通りの心配もいりません。ごはんに乗せれば親子丼！

甘酸

チキン南蛮

パプリカなどの千切り野菜と一緒に甘酢に浸けて、ゆで卵たっぷりのタルタルソースを添えれば、彩りも豊かな、定番人気お弁当おかずのできあがり。

ハンバーグ

甘酸

トマト煮込み

ハンバーグの量が足りなくても、トマト水煮と野菜と煮込めばボリューム満点。色とりどりの野菜で、栄養も彩りも文句なし、味にも深みが増します。

甘酸

おろしポン酢

時間が経ってパサつきがちなときは、大根おろしとポン酢をからめて。しっとりした口当たりで飽きのこないさっぱり味に。大葉を添えると色味もよし。

甘辛

照り焼き

みりんとしょうゆで煮からめた照り焼きは、お弁当の王道。余分な脂も落ち、しっかり和風のおかずになってくれて、ごはんとの相性も抜群です。

「白」はごはんだけ？

大根、かぶ、れんこん、じゃがいも、カリフラワー…。白いお野菜って、実は結構あります。今日は白いごはんじゃなく、パンとか麺とか、別の炭水化物にしよう！　と思ったときにも、ちゃんとお野菜で白がカバーできます。

白のアイディア

厚めのお肉やメカジキなどの白身魚のフライ、衣が茶色でも、半分に切ってみれば断面は白色。断面を見せるように盛りつければ、茶と白の2色がお弁当に収まってくれます。

まとめ

- まずルールを知って、カンタンに「おいしい」を手に入れよう。
- 毎朝考えるメニューはメイン・煮物・和え物（炒め物）の３枠が基本。
家族の好物なら同じレシピのローテーションでもＯＫ！
- 味付けのバリエーションは調味料の組合せで自由自在。
「甘・酸・辛」のおかずが揃えば最後の一口まで飽きないお弁当に。
- 食材の色が「赤・黄・緑・白・黒または茶色」の５色揃えば見た目も味もよし。
チョイ足し食材をフル活用すれば思った以上にカンタンです。

CHAPTER 2

お弁当しごとは
1日の「地続き」の中で考えよう

子どもの頃からの愛読書に、ぐりとぐらシリーズの作者である中川李枝子さんの『いやいやえん』というお話があります。いやいやえんには、お弁当の中のほうれん草を捨てる子がいたり、毎日卵焼きばかりの子がいたり、おいなりさんのお弁当の子は朝も昼も夜もおいなりさんなのよ、と言っています。子どもの頃は「えー、それでいいのー」と驚きましたが、大人になるとうなずける。もしかしたらほうれん草、朝はいやいや食べてきたかも。そのおいなりさん、朝と昼と夜は、ひじきやしいたけ、ひき肉だったりと、ごはんにまぜている具が違うかもしれません。卵焼きも、こっそり魚のすり身が入っていたり、刻み野菜が入っているかもしれない。

普段のお弁当は、1日3回の食事の1つ。私にとっては朝食や夕食と同じく「冷蔵庫の中にあるもの」という条件でひねり出す、瞬発力勝負！ のようなもの。箱に詰めるか皿に盛りつけるかの違いはあれど、同じ料理。お弁当が違うのは持ち運ぶ・家の外で食べる・作ってから食べるまで時間が経過している、といったあたり。その条件に合うものを手持ちの食材と調理法から生み出す料理から選ぶか、もしくは合うように一工夫するかです。

なにがなんでも毎日お弁当に全ての大切な栄養を詰め込まなくても大丈夫。足りない分は、残りの2食で補えば良い、ぐらいの気持ちでいます。1日の過ごし方も同じかもしれません。私は毎朝、最低限のタスクだけで1日のフローを描きます。詰め込みすぎず、「ねばならぬ」と考えない。朝昼夜、1日の流れでおおよその帳尻が合えば良し。タスク以上のことができたら、もうけもんです。

朝は、早起きして駆け抜ける

平日の我が家は、朝だけが全員顔を合わせられるタイミング。みんなを「元気に行っておいでー！」と送り出せる貴重な時間です。なるべく一緒に過ごしたいので、みんなの起床前に少し早起き。静かな1人の時間のうちに前夜分の仕事のメールに返信し、1日の仕事のフローを頭で組み立て、みんなが起きてくる前に食事作りを。そして、お弁当は、家族が朝食を食べる食卓で、一緒に話をしながら詰めます。私は、早起き大好き、1日で朝が一番元気。帰宅後に楽ができるように、できることを朝のうちにある程度詰め込んでおきます。

朝

5：00　起床。夜に干しておいた洗濯物を外に出す。

5：00～5：10　急ぎのメールに返信する。

5

5：10～5：15　前夜に洗って乾かしていた鍋・グラス等を片付ける。
冷蔵庫から食材を出す。

5：20～6：10　料理開始！
朝食、弁当、夕食の副菜作りを並行して進める。

6

6：10～7：00　大学生の長女と次女が朝食。
一緒に話しながらお弁当を詰めて冷ます。

7：00～7：30　5歳の息子が起床。一緒にご飯を食べながら、
途中で長女と次女に長男を託して、お弁当を包む。

7

7：30～8：00　夫が起床。夫が食べ終わったら、食器などを洗う。
化粧をして身支度。

8：00～8：30　夫と息子が朝風呂に入っている間に、
家の掃除と片付けをする。
息子や夫が身支度をしている間に、アイロンがけ。

8

8：30～8：45　ゴミ出し。
ざっと掃除機をかける。

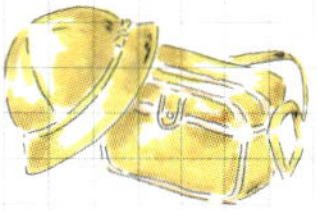

夫婦で幼稚園に息子を送る。

9

9：00～　電車で永田町のシェアオフィスへ出勤。
(週に2～3日。家で作業する日は帰宅)

朝のキッチンは同時進行でフル稼働

1日のスタートはキッチンから。とある日の朝の様子をフローにしました。お弁当と朝食を同時進行で作っていきます。おかずが変わっても、その順番はだいたい同じです。

START！
5:20

お弁当
〈メニュー〉
- 塩鮭
- ひじき煮
- ピーマン味噌炒め
- 卵焼き

朝食
〈メニュー〉
- 目玉焼き
- パン
- サラダ

全ての食材を冷蔵庫からいっせいに出す。

ひじきを水につけてもどす。

肉や魚以外の食材全てをいっせいに切る。

鍋でお米を炊く

ひじき煮

夜の副菜分まで多めに作る

ピーマン味噌炒め

目玉焼き

サラダ

ボウルに入れるだけ！

お鍋で炊飯・煮物、フライパンで炒め物の副菜、と３口コンロが同時にフル稼働。

生野菜→煮る野菜（切った先から鍋へ）の順で、まずは野菜を全部切る。

まずは使う食材を冷蔵庫からまとめて出し、引き出しからは使う調味料を全て出す。

FINISH !
6:10

10分むらす

主菜を調理中に片付けて
キッチンにスペースを。

卵焼き

塩鮭

洗い物を中心にシンク周りを片付け。

お弁当を詰める。

パン

最後に
トースト

朝食と一緒にお弁当のおかずも食卓に運び、家族と話しながら詰めます。

まな板や鍋の大物を洗っておけば、食べ終わりの食器渋滞を回避できます。

野菜のおかずを作り終わったら主菜を。焼いている間が洗い物のチャンス！

台所は「何も置かない」を徹底

我が家はごく普通のシステムキッチン。限られた場所を最大限活用するには何も置かないのが、一番簡単な解決策。料理のときは、探し物や細かな出し入れでの右往左往が、実はとても時間のムダに。調味料も調理道具も、仕事柄たくさんある方だと思いますが、全部引き出しや棚にしまっています。素敵に飾ることもしなければ、中を細かく整理するマメさもない！　でも、しまう場所はまとめて1カ所。そこだけ探せばよし。掃除も楽。何もないから心おきなく材料を広げて作業できる。作業スペースが大きいと俯瞰《ふかん》ができ、ムダな動きをぐんと減らせます。

「仲間」をまとめて1カ所に収納

普段使う調理道具や調味料は、全てコンロ横の引き出しにしまっています。調理中に簡単にとりだせるし、大分類ごとにまとめて置けばアレはここ、コレはそこ、と細かなことに悩まなくてよく片付けも早くできます。また、調理器具は横向きに並べるのがとりだしやすさのコツ！

冷蔵庫は家族の掲示板

キッチンには普段何も物を置きませんが、振り向いた冷蔵庫の扉には、子どもの行事予定表や仕事のメモ、子どもたちからの手紙や絵など、いろいろ貼ってあります。結構、慌ててお知らせなど忘れたりするんです。だから一番目につくところに貼っておく。私にとって冷蔵庫は家族の掲示板。子どもたちが1人巣立つごとに、きっと貼るものも減るんだろうなあ、と思ったりします。

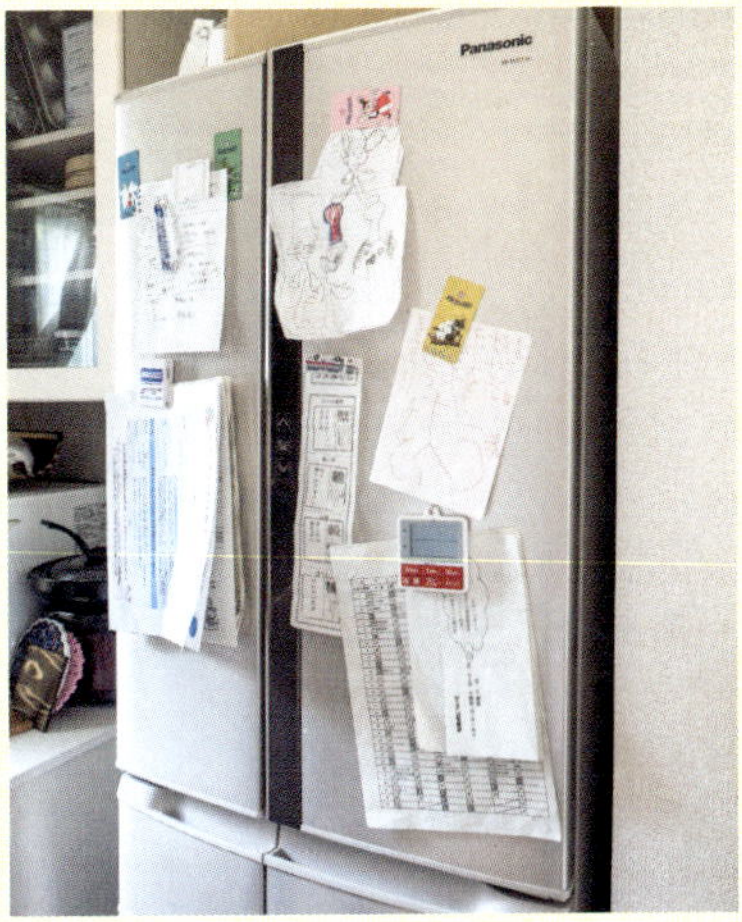

朝の過ごし方のコツ

朝食は定番をルーティンにして迷わない

洋食は、パン、卵やチーズ、野菜、コーヒーか紅茶。

みんな野菜好き。冷蔵庫にある野菜でたっぷりサラダ。

和食はいつも、ご飯、汁物（具を多めに）、お肉か魚に野菜を添える、がお定まり。

朝はお弁当だけでなく、朝食も同時進行で作るわけですが、これだって毎朝メニューをイチから考えていたら大変！ 我が家は、主食（ごはん・パン）、タンパク質（肉・魚・卵）、野菜（生でも煮てもよし）に温かい飲み物（味噌汁やスープ、コーヒーなど）という大きな枠を決めていて、毎朝冷蔵庫にあるものを当てはめるだけです。ちなみに、お味噌汁のダシを朝からとるのが面倒、なんて心配は無用です。前日の夜に鍋に煮干しを放り込んで冷蔵庫に入れておけば、寝ている間にちゃんとダシがとれています。

お弁当詰めは
食卓周りが定位置

お弁当は、家族がごはんを食べている横で詰めます。キッチンで孤独に作業するよりも、みんなと話をしながらの方がずっと楽しい。大好物のおかずを見つけ「あ、それ多めに入れて！」というリクエストが飛ぶこともしばしば。

帰宅後の自分のため
「ここだけ！」整頓を

時間のない朝は、掃除もそこそこに無念のまま出なければ！　という日も。そんなときは、細かい箇所は後回し。帰宅して真っ先に目に入る景色が荒れていると疲労倍増なので、リビングの目立つ箇所のみをまずは整えて、いざ仕事へ。

昼のかあさんは働く！

私は、料理家とサービス構築コンサルタントの2足のわらじを履いていて、平日の半分は都心のシェアオフィスやクライアントの会社で打ち合わせを、もう半分は自宅で企画書や原稿執筆を。そして料理撮影があれば、終日自宅やキッチンスタジオに籠る、といった具合。そんな中で、5歳の息子の幼稚園の送迎も。まさにママチャリ激走の日々です。我が子と手をつないで登下校できるのは人生でわずかな時間。本当に幸せな時間を、働きながら作ることができるのは、夫と娘の協力あってこそ。本当に家族には感謝でいっぱいです。

① 昼〜夕方

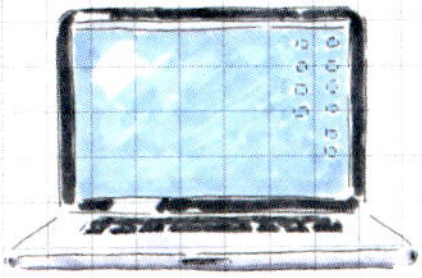

9

＊オフィスに出かける場合

9：10〜10：00　オフィスまたはクライアント先に到着。
10 時半から 1 本目の打ち合わせスタート。

10

10：30〜12：00　1 時間程度のミーティングが終わった後は、
お昼までの 30 分の間に 1 人で内容の振り返り。
思いついたこと、宿題のヒントを
忘れないうちに書き留めて確認。

11

12

12：00〜13：00　昼食。

13

13：00〜14：00　息子のお迎えへ。

14

14：00〜15：00　息子とお散歩しながら帰宅。
一緒におやつを食べながら、
幼稚園での出来事をふむふむと聞く。
朝にやり残した掃除や家事などをする。

15

15：00〜17：30　息子をアフタースクールにお見送り。
打ち合わせを 1 本入れる。

16

自宅にいる時は電話やメール処理などを。
近場のカフェで打ち合わせすることも。

17：30　息子のお迎えへ。
お迎えに向かう道すがら、夕食のことを考える。
そして、一緒に買い物へ。

17

買い物は週2回。使い切るまで粘る

私が買い物に行くのは、基本的に週末1回と平日1回のみ。一度買い物したら、もうなんにも食べる物がない！というギリギリまで粘ります。たくさんあると、食材を持て余す→埋もれて腐る→冷蔵庫が臭くなるし汚れる→掃除が大変、の悪循環。そして何より、食べ物を捨てる罪悪感がつらい。食材と調味料と調理法の組合せで料理を作るのはゲームのようで、全部使い切ったときの「よっしゃー！」というゲームをクリアしたような感覚は実に爽快。使い切れば、買い物のときに冷蔵庫にあったかな？ など考えたりせず、好きな物を気楽に買えます。

いつもの買い物にも、コツがある

1
店頭に表れる「旬」をキャッチ

スーパーの野菜売り場や魚売り場で、いつもよりも広いスペースを陣取ったり、急にポップつきで目立つ場所に置かれた食材にちょっと注目。それは大抵、旬のものです。

2
おかずバリエーションは買い物で決まる

最近食べてないわ、と思った食材を買ってみましょう。しばらく作っていなかった料理を思い出すきっかけに。いつものきんぴらも食材を変えれば、味わいが変わりますよね。

3
「なんとなく」買った品は「なんとなく」残る運命に

誰かが食べるかも、で買うと、誰も食べないことがあります。家族の誰が食べるかをしっかりイメージして買い、本人にも「○○買ったから食べてね！」としっかり業務連絡を。

4
「特売」に踊らされない

たとえ安くなっていても、買うのは家にあるものを使ってからです。特売は、またいつか特売します。ため込んで結局使わず賞味期限切れで捨てたら、その方がずっと割高。

買い物直後のテンションが、弁当の下ごしらえどき

せっかく下ごしらえをするなら、なんとなく切って保存するだけではなく、具体的な料理への道筋をつけてあげましょう。

買い物をしてると、あれもこれも作ろう、とやたら料理意欲が高まります。私は時間に余裕があるときに行くので、余計に気が大きくなる。だから、帰宅したら冷蔵庫にしまう前、意欲の炎が消える前に明日のための下ごしらえを。いったんしまったものを出すのは二度手間。しかも、後からでは作るのも面倒になるかもしれず、そもそも食材は鮮度の良いうちに調理するのがおいしい。せっかくなら、切るだけでなく簡単に下味も付けておく。下ごしらえは、今のためでなく、忙しい明日を楽にする先取り作業。これで平日の時間にちょっと余裕が生まれます。

まずはこの2種類からマスターしよう

下ごしらえなら「漬ける」が一番手軽です。簡単にできて、疲れたときにはそのまま焼くだけ。下味をシンプルにすれば、和洋中いろいろな料理にアレンジできます。

ショウガじょうゆ

目安は、しょうがすりおろし：料理酒：しょうゆ＝1：1：1。お肉全般、かつお、まぐろなどに合います。

塩レモンオリーブオイル

目安は、レモン1個に対し、オリーブ油が大さじ3、塩が小さじ1程度。脂身の少ない鶏肉、サーモン、メカジキ、さんまやいわしなども合います。

いろいろな下ごしらえにトライ

塩昆布水

野菜（きゅうり、にんじん、セロリ）250gを昆布1片（10cm程度）、塩小さじ1、水1/2カップで浅漬けに。塩量の目安は野菜の2～3%。

オイル漬け

鶏肉1枚に対し、塩小さじ1/2とオリーブ油大さじ1。ローズマリーやにんにくなどの香味野菜を添える。焼くだけでおいしいグリルに。

カレーヨーグルト漬け

メカジキ3枚に対し、カレー粉大さじ2、しょうが小さじ1、無糖ヨーグルト1/2カップ、はちみつ小さじ1、塩小さじ1。鶏肉もおすすめ。

三杯酢

基本は、お酢:煮きりみりん:しょうゆ＝1：1：1。みりんの代わりに1/3～1/2量の砂糖でも可。素揚げ野菜を漬けるだけで絶品の揚げ浸し。

冷凍保存より使い切る工夫を

私はあまり冷凍保存をしません。使いたいと思ったときにすぐに使えず、レンジで解凍してみればあまり上手くできず、そもそも解凍時間のまあもどかしいこと。そして、後で使うわ、って意外とクセもの。冷凍庫に入れると、「傷む不安」から解放されて、気づけば数ヶ月。さすがにこれは食べるのに気が引ける。だから、中途半端に生ものを冷凍するより、調理しきってから冷凍する方が私には合っているようです。レンジ解凍したらすぐ食べられるとか、冷凍のまま調理できるなどの有効性と利便性を持たせて冷凍した方が忙しいときの即戦力になります。

冷凍のコツ

- 基本は小分け。
  使いやすいし、
  冷凍および解凍時間の短縮になる。
- 冷凍するなら、鮮度が落ちる前に。
  購入したて、調理したてのものを。
- 冷凍は、空気を抜いて、
  なるべく早く冷やして劣化を防ぐ。
- 冷凍するなら好物を。
  好きじゃないものは、
  結局ゴミになる可能性大。

我が家が冷凍保存しているもの

作り置きのミートソースや魚の干物など、賞味期限が近いものを上段に収納します。

① おもち

②⑬⑭ 製菓用チョコレート

③ 唐辛子

④ デミグラスソース

⑤ 赤味噌

⑥ めざしの干物

⑦ パン

⑧ コーヒー豆

⑨ 冷凍まくら

⑩ トルティーヤ

⑪ 冷凍ブルーベリー

⑫ 晩酌用のお酒！

⑮ 薄力粉

⑯ パン粉

⑰ 魚の干物

⑱ ホワイトソース

夜は、腹をくくって仕事を忘れる

平日は残念ながら夫の帰宅が遅いのでダイニングテーブルで4人、週末はリビングの大きなちゃぶ台で5人、軽く晩酌をしながら賑やかに食べます。そして翌日の最低限の用意をしたら、さっさと眠る。私は小さい頃からお調子者で、今もちょい高めのテンションで一日中過ごすので、ここでしっかり心身のリセット。若い頃に比べ、夜は苦手。仕事はしません。夜にヘタに30分頑張るより、朝の1人の時間に15分集中した方が結果がいい。夜と週末は、ゆっくり家族と過ごす。近年、腹のくくりが良くなりました。

夜

18：00　夕食作りスタート。

18：30　夕食開始。

19：30～19：45　夕食終わり、片付け。

20：00　息子とお風呂に入りながら、洗濯機を回す。

20：30　洗濯物を干し、夕方に取り込んだ洗濯物をたたむ。

20：45　息子と歯みがきをして就寝の用意。

21：00　息子をお布団へ。読み聞かせ。

21：30～22：30　娘たちとテレビを見たり話をしたり。

22：30　メールチェック。
ざっとリビングを掃除する。

23：00　就寝。

揚げ物をするときは油を1回で使い切る

揚げ物を一度すればキッチン汚れはかなりのもの。油ハネはもちろん、薄力粉やパン粉のくずもあったりして。また、鍋の油も処理しなくちゃいけない。使った油を一度で捨てるのはもったいないけど、酸化した油を使うと体によくないとも言うし…と、結構やっかいです。だから私は、例えば野菜の素揚げ、唐揚げ、カツと、たいてい一度に数種類を作ります。揚げ物は冷凍OKで小分けもしやすい。揚げる量は多いけど、片付けは一度に済むし、油も、十分元はとれたと心おきなく捨てられるから、毎回きれいな油で調理できます。

1 油の汚れにくい野菜から。
素揚げにして次の日のお弁当の揚げ浸しを作っても！

2 夕食のメインのエビフライを揚げます。

3 最後に、作り置きのチキンカツを揚げましょう。

捨てる！

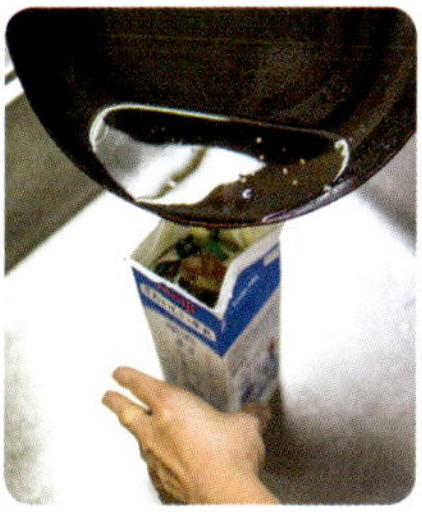

これだけ作れば、思い残すことなく使い切りで捨てられます。市販の凝固剤がないときは、牛乳パックに新聞紙を詰めて、その中に常温まで冷ました揚げ油を流し込み、燃えるゴミに捨てます。熱々のままだとやけどのキケンがあるので、しっかり冷ましてから。

「のこりもの」は別の料理まで振り切る

ひじき

ひじきおにぎり

炊きたてご飯にまぜるだけ。小腹がすいたときのおやつがわりにもなります。

和風ハンバーグ

豆腐と鶏挽肉、ねぎの小口切りと一緒にまぜて焼いて、ヘルシーな主菜に。

ひじき入り玉子焼き

卵とまぜて焼くだけで、余分な味付け不要。具沢山なので夕食のおかずにも。

なんとなく「のこりもの」になってしまいそうなときは、できるだけ振り幅大きめの別の料理にアレンジします。それもできれば、みんなの好物のものに。嫌いな野菜も大好きなハンバーグやカレーに入っていれば食べられる、とよく言いますが、のこりものも一緒かもしれません。具にまぜやすいコロッケやハンバーグは、子どもも大好きなので、のこりものに対するがっかり感を消し去るだけの腕っぷしがあります。ただし、やり過ぎは禁物。奇抜すぎるアイディア料理になってしまうと、逆に警戒されかねませんから、そこは程よい加減で。

のこりそうなおかずは小鉢に入れて当番制に

お鉢や大皿で出した料理が、別に誰も嫌いじゃないのに「誰かが食べるでしょ」とそれぞれが思って、結局のこってしまうことがあります。この食事で食べ切りたいとか、ちょっとのこりそうだと思ったものは、「はい、あなたのものですよ」と小鉢に盛りつけて各々の前に。目の前に置かれた小鉢には、自分が食べるもの、という使命感が生まれます。小鉢の柄を全て変えて好みの器を選んでもらうと、これまたちょっと楽しくなる。5人で分けると、実はその量はほんの一口、ふた口。逆にもう一口食べたかった、なんてこともあったり！

夜の過ごし方のコツ

明日使うダシを用意する

手はかからないが時間のかかるものは、夜の間に。夕飯の洗い物の間に乾物を戻したら水気をしぼり冷蔵保存。昆布や煮干のダシは、水につけて冷蔵庫におけば朝には完成です。

夕食は毎日ゆっくり楽しむ

一日全力で頑張ったら、あとはリラックス。息子と早めに食べ始め、次々帰ってくる夫や娘たちを待ちながら晩酌を。これがあるから頑張れるってものです！

寝る前に冷蔵庫にあいさつを

赤のにんじん、黄の卵、緑のいんげんと、材料をざっと確認。夜のうちに食材を手前に移動しておけば、ゼロからでなくヒントありきで朝に献立を考えられ、使い忘れもなし。

我が家の洗濯は夜のうちに

夜のうちに洗濯し、ハンガーに洗濯物をピンチするまでをリビングの皆がいる横ですませ、脱衣場にかけておく。朝は外に干すだけです。夜の家事もなるべく家族と話しながら。

読書かゲームで頭をリセット

仕事のことを完全に頭の中から抜くために、好きなシリーズものの推理小説や読み慣れた純文学、またはスマホでパズルゲームを。単純に没頭できて、良い気分転換です。

寝る前一度のメールチェック

朝イチ、難問にがっくりするのもイヤなので心の用意。一度だけ見て翌朝の返信の優先順位をつけます。朝の方が頭も冴えているし、深夜の返信は相手にもプレッシャーかも。

我が家の読み聞かせは10歳まで続く

どの本も、私の子どもの頃からの愛読書です。就学前は、自分自身のことや身近なものがイメージしやすいお話が大好き。私に似ておてんばの娘たちは、小学生になると冒険のお話を楽しみにしていました。ハラハラドキドキの展開に、寝かせるはずがいつまでも眠れない！　という懐かしい思い出も。娘たちが10歳になるまで続いた読み聞かせ。息子は男の子なので、いつまで続くことやら。

▸▸2～6歳
（就学前）

『いやいやえん』
作 中川李枝子
絵 大村百合子
福音館書店

『あなたのこと』
キャスリーン・アンホールト
（訳 星川菜津代）
童話館出版

▸▸6～10歳
（小学生から）

『大どろぼうホッツェンプロッツ』
オトフリート・プロイスラー
（訳 中村浩三）
偕成社

『はてしない物語』
ミヒャエル・エンデ
（訳 上田真而子、佐藤真理子）
岩波書店

1日をごきげんに過ごすための自分ルール

自分の「めんどくさいポイント」を知って、自分ルールでごきげんに

・あまたの冷凍食品の中から何かを選んで、説明書きを読んで、レンジの時間を合わせて…が面倒。
それなら家にある野菜を刻んで煮た方が楽ちん。

・スライサーとか、普段あまり使わない便利グッズを使うのも、洗う手間も、奥底から出すのも面倒。
それよりもまな板と包丁でざくざく切った方が楽ちん。

・なにかをするときに右往左往したり、作業を始めてからバタバタするのが面倒。急がば回れ、取りかかる前にフローを組み立ててから動いた方が楽ちん。

・日常生活では、顔色をうかがったり、腹を探ったりするのも、されるのも面倒。変に勘ぐるよりも、ストレートに話す方が楽ちん。

私は基本的にずっと、ちょっとテンション高めで、これはもう先述通り、お調子者ゆえ。ただ、あまりムラがありません。家庭でも仕事でもほぼ同じ。子どもにとって私が「変わらぬ存在」であることで安心をもたらせるのだろうと思っています。昨日のママと今日のママがなんとなく違ったら、それは不安かもしれない。人には感情のうねりがあるけど、感情の豊かさと機嫌の上下は意味が違う。いちいち顔色をうかがうなんて私には面倒なので、人様にもそんな無用なお世話をかけずに過ごせたら良いなあ、と思っています。

まとめ

●お弁当を特別視せずハードルを下げる。
1日3回とる食事のうちの1つを箱に詰めるだけです。

●朝のお弁当づくりは朝食づくりと並行して3口コンロもフル稼働。
冷蔵庫から出す、食材を切る、洗う、など同じ作業は一括して行い、
作業のムダを減らします。

●買い物は冷蔵庫の手持ち食材を使い切ってから、と決める。
我が家では週2回ペース。

●お弁当をはじめ食事作りが楽になる、「先取り作業」のチャンスは一日中。
*朝の煮物は多めに作って夜の副菜に
*買い物直後のテンションで下ごしらえまで済ませる
*夜寝る前に明日のダシを準備する

調理道具の「パフォーマンス」はシビアな目で

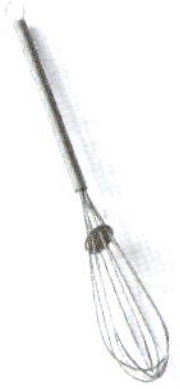

無印良品 ステンレス泡立て・小

味噌をこれですくいとりそのまま溶かしたり、合わせ調味料をまぜたり。これより大きくても小さくてもダメ。

銅製玉子焼き関西型 13.5cm

新潟県を訪れたとき、燕三条駅前の燕三条地場産業振興センターで購入。熱伝導の良い銅で抜群の焼き具合です。

日本橋木屋　アルミ打出しゆき平　18cm

フタは別売りで購入、取っ手は修理可能。野菜の煮物とお味噌汁はほぼ全部これ。出番のない日はありません。

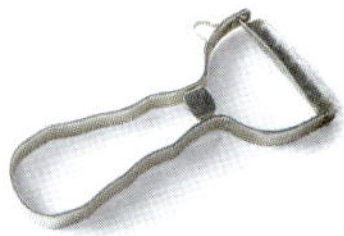

貝印　SELECT100 T 型ピーラー　DH-3000

持ち手がさりげなく波形なので手になじみ、そっと芽取りもついている。過度に華美じゃないのが本当にいいです。

調理用の小道具は、縁の下の力持ち。手や動きになじむほど息が合い、作業効率を確実に上げてくれます。「便利グッズ」は実はあまり得意ではありません。ブランドも気にしません。使い方が単純明快で手入れも楽で、丈夫な、長く付き合えるものが好きです。調理道具は楽しいものやかわいいものが多いのでつい目移りしがちですが、私は、使えなくなって困ってから購入します。今まであったものでも、しばらくナシで暮らしてみて、困らなければ買い足さない。そうしていくうちに、本当に必要なものだけが残り、共に毎日働いてくれます。

工房アイザワ
手付計量カップ　200ml

取っ手が長く、ステンレスなので直火OK。熱湯を鍋からすくったり調味料をまぜたり、計量を越える働きぶり。

ヒノキの木べら

静岡の曲げわっぱ職人さんからお弁当箱を購入したときのおまけ。取っ手が長く、深鍋をまぜるときも熱くない。

すりこぎとすりばち

買ったのか実家から持参したか分からないほどずっと前からあるすり鉢。すりこぎは姪っ子からの気の利いたおみやげ。

工房アイザワ
計量スプーン 15cc と 5cc

輪っかでつながっていないので扱いやすい！　柄が長いので深い調味料ビンの底まで手を汚さずにかき出せます。

片口当縁米ざる

祖母の形見。70 年以上前のものですが、今も常温保存の野菜置き場として現役で活躍してくれています。

日本橋木屋
純銅 薬味おろし たい

お弁当用おかずの下味に、ちょっとだけ薬味をすりおろしたいときにとても便利。目が細かく、なめらかな口当たりに。

ブラウン
マルチクイック

つぶす・まぜる・刻む・泡立てるが、これでほぼ事足り、デイリーユースの１つ。洗いやすさも使い勝手も値段もよし。

CHAPTER 3

お弁当で大切なことは食べる人の「おいしい！」だけ

お弁当は、食べる人がおいしいのが一番いい。おいしく食べられるお弁当って、なんでしょう。それは、単に味だけではないような気がします。

私は、お弁当に嫌いなものは入れません。自分のお弁当を作るときに嫌いなものを入れないのに、自分以外の人のお弁当にわざわざ入れるのもなんですし、見つけたら、「うへぇ、これ入れられたー」と、思うに決まってますから。お弁当にがっかりするなんて、食べ物にも、作った私にも残念な話ですね。

学校や幼稚園では食べる時間が決まっているので、その中で食べ切れる量を。息子は、お友だちが食べ切って先に遊んでいると、お弁当よりも遊びたくなっちゃうそうで、焦ると味なんて分からなくなりますね。遠足のときは、重くなくかさばりすぎず、食べやすいように、おにぎりかサンドイッチだけに。娘たちの部活のときは、暑い日なら冷たいもの、寒い日なら温かいものを。屋外競技は、夏と冬が本当に過酷なので、いつもに増しておいしいそうです。運動会や試合のときは、油っぽくなくてさっぱりしたものを。運動後でアドレナリンが出ているとお腹はあまり空かず、無理に食べて胃もたれするのも困ります。ちなみに夫は、飲みすぎた翌日には、さらっとしたお粥《かゆ》やけんちん汁で十分。胃袋に優しくしみるそうですよ。

一口にお弁当といっても、食べる環境や状況で「おいしい」の条件が違ってきます。時にはおにぎり１個でいいときもある。その１個が、きっとすごくおいしいはず。そして、相手のリアクションは期待しすぎない。自分のためでなく、食べる人のために作るのですから。空っぽのお弁当箱、それって最高の「ありがとう」です。

お弁当を好き嫌いの矯正には使いません

家族が毎朝出かけるとき、１日元気で過ごせますように、イヤなことが１つも起きずに笑顔でいられますように、と毎朝思います。でも一度家を出たら、もうそこからはそれぞれの世界。親の力など借りず、自分たちで勝手にうまいこと生きていかなくちゃいけません。もしちょっと失敗しても、お昼にお弁当のフタを開けたときに我が家の食卓がふと思い浮かび、よし午後も頑張るかと思えたら良し、と思ってお弁当を持たせます。ちょっとしたお守りのようなもの。だから好物だけを入れます。嫌いなものは入れない。お弁当で残すと、帰宅したときにはただの生ゴミ。残した本人も罪悪感を背負うので、それもまた気の毒。嫌いなものを克服させるなら、一緒にゆっくり食事ができる夕食に、その野菜にまつわる話をしながら食べます。夕食なら、姿形を変えて食べさせる工夫をする時間もあり、もし一口しか食べられずに残しても、他の誰かが食べるからゴミになりません。たとえ青菜のおひたしが食べられなくても、刻んでハンバーグに入れたとき気づかず食べるなら、それで良し。ゼロから一足飛びに5にならなくても、１になれば「食べる」という目標はちゃんとクリアしています。子どもは、親の予想を超えて成長する頼もしい生き物で、社会生活の中で自ら学び、自身で好き嫌いを克服していきます。好き嫌いってかっこわるいな、とか、背を伸ばしたい！ とか、いろいろな理由で。今は無理でも、食べ物に興味があって食べることが好きなら、きっと大丈夫。

その「キャラ弁」は誰のため？

和食は目で食べる、と言います。日本には古くから、食材に包丁で細工を施して飾り、料理に美しさや意味を添える粋《いき》な美学があります。それは、食べる人を楽しませたいという心意気。日本人の洒落っ気とエンターテインメントの精神は、私も大好きです。そんな日本の食文化の中でキャラ弁が生まれたのも、なるほど納得。ただ、それがもし、食べる人のためでなく作る人の楽しみ中心になってしまったら、それはただの善意の押し付けになってしまうかもしれません。

お弁当のエンターテインメントを考えるときに、フタを開けた瞬間の見た目は、確かに大きな役割を果たします。開けた瞬間「わあ！」って驚かせるのってワクワクしますね。でも、他の方法でもそれは演出できそうです。フタを開けたときの驚きは一瞬。食べ終わってフタを閉じるまでがお弁当ですから、食べている時間の方がずっと長い。だから、「おいしい」が食べ終わるまで続くことが、食べる人を一番喜ばせることなんじゃないかなあ、と私は思ったりするのです。そして、何より、食べたもので体は作られます。

ただ一瞬撮る写真が素敵でも、実は食材の切れっ端がたくさん残って捨てることになったり、作るときに触りすぎてお弁当が傷みやすくなったり、実際に食べるとさほどおいしくなかったりしたら、本末転倒です。食べもしないたくさんの人に写真だけで話題にされるよりも、本当に食べる人の「おいしかった！」と空っぽになったお弁当箱の方が、ずっとずっとうれしい。

安全なお弁当作りのために知っておきたいこと

1

基本は手洗い

食中毒予防の基本３原則は、細菌などを食べ物に「つけない」、付着した細菌を「増やさない」、付着した細菌やウイルスを「やっつける」。まず大切なのが、しっかり手洗いして手に付着した雑菌を「つけない」こと。調理前はもちろん、調理中に生ものを触った後、髪の毛に触ったり鼻をかんだ後、おむつ交換やトイレの後、ペットを触った後なども。

2

二次汚染に注意しましょう

二次汚染とは、調理中の食品が調理器具類や調理者の手を経由して細菌やウイルスに汚染されること。実はこれも食中毒の大きな原因の１つ。生ものと生野菜を隣り合わせで置くのもキケンです。まな板、包丁、ふきん、箸など調理道具は熱湯消毒などで常に清潔にし、作業場所もすっきりと。お弁当を詰めるときも、食品をベタベタ手で触らないこと。

3

新鮮なものを新鮮なうちに調理する

調理中は室温が上がるキッチン。傷みが心配な生鮮食品は、知らぬ間に菌が繁殖してしまうことがあります。室温に放置せず、調理の直前に冷蔵庫から取り出してすぐに加熱調理しましょう。加熱調理後も長時間放置せず、ラップなどして冷蔵庫へ。

4

食品はしっかり加熱、道具は熱湯殺菌を

食中毒の原因になるほとんどの細菌やウイルスは、加熱によって死滅します。肉や魚、卵は完全に火を通し、野菜も加熱調理すれば安心。食品の中心部を75度以上で１分以上加熱、が目安です。まな板や包丁、ふきんなどの調理道具にも菌が付着していることがあるので、洗剤で洗った後に熱湯をかけて殺菌しましょう。

お弁当には「食べないもの」を入れません

ミニトマトのヘタ、食べませんよね。実は雑菌がついていることもあるので、取り除いて入れましょう。

そうそう、ミニトマトは優秀な仕切り。皮がしっかりして味が混ざらないんです。

仕切りのレタスや飾りのパセリ、彩りだけで食べないなら、帰宅したときにはタダの生ゴミになるだけです。

自然の色に勝るものなし。5色の食材を揃えれば、カラフルな道具に凝らなくてもおいしそうに見えます。

5歳の息子は、帰宅してお弁当を出すとき、とても誇らしげに「ぜんぶたべたよ！」とフタを開きます。上の娘2人もそうでした。子どもにとって、完食することはちょっとした達成感があるようです。それが母も何よりうれしい。だからお弁当に、嫌いなものは入れません。残るのはお互いイヤ。それに、残さず食べてくれると、私もお弁当箱が洗いやすい！　食べて時間の経ったお弁当箱は、臭かったりして結構キケン。ですからおかずカップなどの小物も最小限。おかずの相性が良ければ隣り合わせも大丈夫。焼き鮭や卵焼きは、バラン要らずでご飯の仕切り代わりにもなります。

もう迷わない！　お弁当の詰め方のコツ

POINT!　お弁当をすき間なく、ずれないように詰めるのは難しくありません。まずは大きなスペースをとるもの、形がしっかりしたものを詰め、煮物や和え物など量の調整がしやすい副菜ですき間を埋めていく。優しく寄せて寄せて、お互いが寄り添うように埋めていけば良いのです。

1 大物から詰めていく

ご飯を詰める。おかず側のご飯のフチをほんの少しななめにしておく。

一番大きなおかず(メイン)を、ご飯の斜面に寄り添わせるように詰める。

次に形のしっかりした大きめおかず（卵焼き）を端に立てかけるよう配置。

2 すき間をおかずで埋めていく

カップを先に入れてスペースを確保し、カップに副菜を詰める。

カップをちょっと箸先で押して、できたスペースに小ぶりな副菜を差し込む。

3 仕上げを！

箸で卵焼きの位置を整え、できたすき間にミニトマトをそっと押し込む。

ご飯の上に、足りない色味のふりかけやごまをかけて完成！

完成！

なんでもかんでも「作り置き」しない

お弁当のおかず、煮物など割と足の早いものや水気の出やすいサラダなどは毎朝作り、できるだけ当日中に食べ切ります。やっぱり作りたてがおいしいし、傷みを気にせずお弁当に安心して詰められるからです。私の作り置きおかずの条件は、

① アレンジの幅があること

そのまま食べても良く、野菜やソースなどと合わせて別な料理にアレンジしやすいものを。

② 味が落ちないこと

例えばマヨネーズ和えは、マヨネーズの酸味が飛んだり、具の水気が出て味が薄くなったりします。動物性の脂が多いものも、冷めると脂が白く固まり、味や口当たりが良くありません。酢漬けやトマト煮、脂をよく落とした味噌・しょうゆ煮は時間が経ってもおいしいです。

③ いつ出しても喜ぶ本当に人気のおかずを、作りすぎない程度に

これが一番大切。食べ飽きて誰も箸をつけず、いつのまにか「のこりもの」扱い、なんて悲しいです。量は作りすぎず、３日間程度で食べるぐらいに。物足りない程度で！

そして作り置きしたものは、景気よくどんどん使い、新しい作り置きは食べ切ってからと決める！　もっと忙しいときのために置いておこう、なんて考えると、いつまでも使わずに気づいたときには冷凍庫の奥底で「霜まみれの化石」に、なんてことになりかねません。

野上家の「作り置き」5選

①
チキンカツ

②
ミートソース

③
鶏そぼろ

④
豚肉の味噌漬け

⑤
マッシュポテト

※ 各レシピに掲載の「保存期間」はあくまで目安です。
保存の際は清潔な容器に入れてください。
また一度解凍したものは、当日中に食べきることをおすすめします。

1 チキンカツ

〈保存期間〉 ∴冷蔵４日　❄冷凍10日程度

作り置きには、脂の少ないむね肉がベスト。食べ応えにも大満足。

材料（6～8枚分）

鶏むね肉　2枚（500g）
塩　小さじ1
こしょう　少々
パン粉　2カップ程度
揚げ油　適量
〈溶き粉〉
薄力粉　大さじ2
牛乳　大さじ3

つくり方

1　鶏肉は皮と余分な脂肪をとり、3等分のそぎ切りにし、塩こしょうをしておく。

2　溶き粉の材料をビニール袋に入れ、もんでまぜたら1を加える（POINT! 参照）。溶き粉がまんべんなく肉についたらバットに移してパン粉をつける。

3　揚げ油（170度）で片面2～3分揚げ、ひっくり返してさらに3分揚げる。完全に火が通り、衣がきつね色になったらフライパンから上げ、よく油を切る。

POINT!　衣づけの薄力粉→溶き卵の作業を一気に短縮。牛乳をまぜた溶き粉をビニール袋の中で全体にからめれば、手も汚れずに片付けも簡単。

お弁当

チキンカツサンド

作り置きなら簡単に、がっつりごちそうサンド

材料（1人分）
チキンカツ 1 枚　キャベツ 1/2 枚　辛子小さじ 1　バター 小さじ 2　中濃ソース お好みの量　食パン（8 枚切り）2 枚

つくり方
1　キャベツを千切りにする。バターは室温に置いてやわらかくし、辛子とまぜて辛子バターにする。
2　食パン2枚、それぞれの片面に辛子バターを塗る。
3　食パンの辛子バターを塗っている面を内側にし、片方にキャベツを敷いてカツを乗せ、ソースをかける。もう 1 枚ではさんで重石をして 15 分冷やす。

お弁当

チキンカツ卵とじ丼

卵でとじて、ご飯にのっけて、はい完成！

材料（1人分）
チキンカツ 1 枚　卵 1 個　玉ねぎ 1/4 個　〈合わせダレ〉 みりん 大さじ 1　砂糖 小さじ 1　しょうゆ 大さじ 2　水 小さじ 2　ご飯 1 人分　青ねぎ 少々

つくり方
1　チキンカツは食べやすい大きさに切っておく。卵は溶く。玉ねぎは薄切りにする。
2　小ぶりなフライパンや鍋に〈合わせダレ〉の材料を入れて火にかける。沸騰したら弱火にし、玉ねぎとチキンカツを加え、フタをして 1 分加熱。
3　溶き卵を全体に回しかけ、フタをして強火にして 1 分。卵に火が通れば完成。青ねぎを上に添える。
※ 合わせダレの代わりに市販の麺つゆを使えばもっと簡単

★夕食

カツカレー

いつものカレーにカツのトッピングがあれば、うれしいこと、この上なし。

材料（1人分）
チキンカツ 1 枚　カレー お好みの量　ご飯 1 人分

つくり方
1　チキンカツは食べやすい大きさに切り、オーブントースターで 5 分温める。
2　お皿にご飯とカレーを盛りつけ、その上にカツを乗せる。

② ミートソース

〈保存期間〉 ⁛冷蔵５日　❄冷凍２週間程度

煮込むだけの手軽さなのに本格的。野菜もたっぷり入っています。

材料

合いびき肉　500g
玉ねぎ　1.5個
ピーマン　2個
セロリ　1/2本
しょうが　1かけ
にんにく　1かけ
パセリ　1枝
オリーブ油　大さじ1/2
カットトマト水煮缶　1缶（400g）
トマトケチャップ　大さじ1
水　1/2カップ
砂糖　大さじ1/2
塩　小さじ2
ローリエ　1枚

つくり方

1　玉ねぎ、ピーマン、セロリ、しょうが、にんにく、パセリをみじん切りにする。

2　鍋にしょうがとにんにく、オリーブ油を入れて火にかける。香りがたってきたら、玉ねぎとセロリ、ピーマン、パセリを加え、しんなりするまで炒める。

3　ひき肉を加え、肉に火が通ったら、トマトの水煮を加えて1分ほど炒め（POINT! 参照）、水、ケチャップ、砂糖、塩、パセリの枝の部分、ローリエを加えて煮込む。途中何度かまぜながら、汁気がなくなるまで30分ほど煮る。

POINT!　トマトの水煮缶は、カットタイプを使えばつぶす手間が省けて便利。水煮缶を加えたら、ほかの材料を加える前に1分ほど炒めると、水っぽい香りがぬけてよりおいしくなる。

お弁当

オムライス

**肉と野菜たっぷりソースだから。
追加の具は必要ナシ。**

材料（1人分）

卵1個　塩 少々　オリーブ油 小さじ2　ご飯1人分　ミートソース 大さじ3　ケチャップ 適量　パセリ 少々

つくり方

1　卵に塩を加えて溶く。フライパンにオリーブ油を熱し、溶き卵を加えてふんわりと炒り卵を作る。

2　同じフライパンで、ペーパーで軽く汚れをふいたらミートソースを入れて火にかける。温まったらご飯を加えて軽く炒める。

3　2をお弁当に詰めて、その上に炒り卵を乗せる。パセリをふり、ケチャップをかける。

お弁当

ミートソースのペンネ

**ゆでて温めて和えるだけ。
忙しい日もあっという間に我が家の味。**

材料（1人分）

ペンネ1人分（約80g）

塩 適量　ミートソース 大さじ3～4　パルメザンチーズ お好みの量　パセリ 少々

つくり方

1　たっぷりの湯（分量外）に塩を溶かし、規定時間に合わせてペンネをゆでる。

2　ミートソースは電子レンジで3～4分温める。

3　ゆでたペンネの水気をしっかり切り、熱々のうちに2をからめる。チーズとパセリをふる。

★夕食

グラタン

**ペンネをさらにアレンジ。
夕食にもお弁当のおかずにも。**

材料（1人分）

ペンネ1人分（約80g）　塩 適量　ミートソース 大さじ3～4　オリーブ油 小さじ2　生クリーム 大さじ3　塩 少々　シュレッドチーズ（溶けるチーズ）お好みの量　パセリ 少々

つくり方

1　たっぷりの湯（分量外）に塩を溶かし、規定時間に合わせてペンネをゆでる。

2　ゆでたペンネの水気をしっかり切り、熱々のうちにオリーブ油と生クリーム、塩をからめる。

3　ミートソースをかけ、その上にチーズをたっぷりのせる。オーブントースターで8分程度、焼き色がつくまで焼き、最後にパセリをふる。

③ 鶏そぼろ

〈保存期間〉 ⁘冷蔵５日　❄冷凍２週間程度

優しい味わいは、世代を超えて人気。たっぷり作って冷凍保存できます。

材料

鶏ひき肉　300g
しょうが　１かけ（みじん切り）
しょうゆ　大さじ３
みりん　大さじ３
砂糖　大さじ３
酒　大さじ１

つくり方

1　全ての材料を鍋に入れて、全体をよく箸でまぜる。（火はつけない）

2　鍋を中火にかける。箸を４本持ち、肉がほぐれるように全体をまぜながら加熱する。

3　肉に火が通り、まんべんなくほぐれて肉汁が出てきたら、木べらに持ちかえる。火を強めて汁気がなくなりテリが出るまで炒れば完成。

POINT!　火を入れる前に、肉と調味料をまぜておくと、加熱時に肉がほぐれやすくきめ細やかな仕上がりになる。

お弁当

三色そぼろ丼

お弁当の定番メニュー。緑野菜はお好みで自在にアレンジ。

材料（1人分）

鶏そぼろ 大さじ2〜3　卵1個　みりん 小さじ1　塩 小さじ1/4　菜種油 小さじ2　絹さや4〜5枚　ご飯1人分　※切り干し大根はお好みで添えて

つくり方

1　卵にみりんと塩を加えてよく溶く。フライパンに油を熱し、炒り卵を作る。

2　絹さやは筋をとり、塩を加えた熱湯（いずれも分量外）でさっとゆでて水で冷やし、水気をふきとって千切りにする。

3　お弁当にご飯を敷き、その上にそぼろと炒り卵、絹さやを盛りつける。

お弁当

そぼろ入り卵焼き

具として加えれば、卵焼きがちょっとごちそうに。

材料

卵3個　みりん 大さじ1　塩 小さじ1/4　鶏そぼろ 大さじ2程度　菜種油 大さじ1/2

つくり方

1　卵にみりんと塩を加え、よく溶き合わせる。

2　フライパンに薄く油を塗り、強火で温める。温まったら1を1/3量流し込み、全体に広げる。卵を軽くまぜて火を通し、8割方火が通ったらそぼろを中央より少し奥に横一列になるように乗せる。

3　手前の卵をそぼろにかぶせてから、奥から手前に卵を巻く。奥に移動させて再度薄く油を塗り、卵の1/3量をながしこみ、8割方火が通ったら卵を巻く。再度この作業を繰り返す。

★夕食

かぼちゃのそぼろあんかけ

野菜の煮物も肉をプラスすればメインのおかずに昇格。

材料

かぼちゃの甘煮（p26参照）　水 1/2カップ　みりん 大さじ1　しょうゆ 大さじ1/2　鶏そぼろ 大さじ2　水溶き片栗粉 粉小さじ2を同量の水で溶く

つくり方

1　鍋に水とみりん、しょうゆを入れて火にかける。沸騰したら鶏そぼろを加えて1分煮る。

2　鍋に、水溶き片栗粉をまぜながら回しかける。箸でまぜながら加熱し、クツクツ泡立ってきてから1分ほど煮て片栗粉に完全に火を通す。

3　十分にとろみがついたら、温めておいたかぼちゃの甘煮にかける。

④ 豚肉の味噌漬け

〈保存期間〉　⁘冷蔵５日　❄冷凍１ヶ月程度

味噌漬けは日持ちのする安心便利なおかず。肉だけでなく、魚や野菜を漬けてもOK。

材料

豚ロース肉（とんかつ用）　４枚

味噌　2/3カップ（約150g）

※赤味噌と白味噌を75gずつまぜても良い

みりん　大さじ２

酒　大さじ３

砂糖　大さじ３

つくり方

1　〈味噌床を作る〉密封用保存袋に調味料を全て入れ、手でもんで全体をよく混ぜ合わせる。

2　豚肉は筋の部分に包丁で軽く切り込みを入れる。表面をキッチンペーパーでふいたら、1の袋の中に入れる。全体に味噌がまわるように軽く手でもんだら、空気を抜いて封をし、平らにならして冷蔵庫で１日以上寝かせる。この時、ガラス等の保存容器に移し替えてもよい。

3　焼く際は、冷蔵庫から出して10分ほど置いて肉を室温にする。味噌をふきとり、グリルで片面５分ずつ、計10分焼く。

POINT!　味噌床に漬ける前に、肉の表面の水分をしっかりふきとると、味のしみ込みがよくなる。加熱の際は、少し焦げ付きやすいので、少し弱めの火加減で。

お弁当

ポークソテー

味噌漬けのおいしさと香ばしさが存分に味わえます。

材料（1人分）

豚肉の味噌漬け 1 枚　菜種油 大さじ 1　ゆでブロッコリー 適量

つくり方

1　豚肉の味噌をふきとる。

2　フライパンに油を熱し、弱めの中火で片面 4 ～ 5 分、フタをして焼く。ひっくり返して再度フタをして 5 分焼いて完全に火を通す。ゆでブロッコリーを添える。

お弁当

豚肉とピーマンの細切り炒め

野菜との相性は抜群。手早く炒めて栄養満点。

材料（2 ～ 3 人分）

豚肉の味噌漬け 2 枚　ピーマン 2 個　赤パプリカ 1 個　ごま油 大さじ 1　酒 大さじ 1　塩 1 つまみ

つくり方

1　ピーマンとパプリカはヘタと種をとって細切りにする。豚肉は味噌をふきとり、細切りにする。

2　フライパンに油を熱し、中火で豚肉を炒める。肉に火が通ったらピーマンとパプリカを加える。

3　強火にして酒をふりかけ、炒めながら野菜に火を通し、塩で味を整える。

★夕食

味噌カツ

ソースいらず、一口噛めば味噌の風味が広がる。

材料（2 ～ 3 人分）

豚肉の味噌漬け 2 枚　溶き卵 1 個　薄力粉 大さじ 1 程度　パン粉 1 カップ程度　揚げ油 適量　キャベツ お好みの量

つくり方

1　キャベツは千切りにしてさっと水にさらした後、水気をしっかり切っておく。

2　豚肉の味噌をふきとり、薄力粉→溶き卵→パン粉の順で衣をつける。

3　揚げ油を低めの温度（165 度）に熱し、じっくり揚げる。片面がきつね色になったらひっくり返し、中心まで完全に火が通って全体がきつね色になったら油から上げる。

⑤ マッシュポテト

〈保存期間〉 冷蔵３日　冷凍２週間程度

簡単でびっくり。でもこれがあれば子どもが大好きなポテト料理を手軽に作れます。

材料（6～8枚分）

じゃがいも　7個

塩　大さじ1

つくり方

1　じゃがいもは表面をたわしでこすり洗いし、数カ所に楊枝で穴をあける。

2　たっぷりの水と塩、じゃがいもを鍋に入れて火にかける。沸騰したら弱火にして、中心まですっと竹串が通るまでゆでる。

3　ゆであがったらザルに上げ、粗熱がとれたら皮をむく。マッシャーでよくつぶし、冷凍の場合は冷凍保存ができる密封袋に入れ、空気を抜いて封をしたら平らにならして冷凍庫へ。冷凍の際は、なめらかになるまでよくつぶすこと。塊が残ったまま冷凍すると、口当たりが悪くなってしまいます。

POINT!　皮付きのままゆでることで、水っぽくならずにゆであがります。ざるに上げてよく水気を飛ばしながら粗熱をとって。

お弁当

ポテトサラダ

野菜多めでマヨネーズ抑えめの具沢山サラダ

材料（2～3人分）

マッシュポテト 1カップ分　卵1個　玉ねぎ 1/4 個　きゅうり 1本　にんじん 1/3 本　塩 小さじ 1/2　〈合わせ調味料〉 マヨネーズ 大さじ2　酢 小さじ2　マスタード 小さじ1　こしょう 少々

つくり方

1　にんじんは薄いいちょう切りにしてさっとゆで、ザルですくって水気をよく切る。そのゆで汁に卵を入れて固ゆでにしたら、殻をむき粗みじん切りにする。

2　きゅうりは輪切り、玉ねぎは薄切りにしてボウルに入れ、塩もみして水気をしぼる。

3　ボウルに〈合わせ調味料〉を入れてよく混ぜ、1と2、マッシュポテトを加えて和える。

お弁当

ポテトコロッケ

我が家の子どもたちの大好物。夕食に、お弁当のコロッケパンに

材料（10～12 個分）

豚ひき肉 100g　玉ねぎ 1/2 個　しょうが 少々　塩 小さじ 1/3　オリーブ油 小さじ1　マッシュポテト 3カップ分　溶き卵1個　薄力粉 大さじ1程度　パン粉1カップ程度　揚げ油 適量

つくり方

1　フライパンに油を熱し、みじん切りにした玉ねぎとしょうがを炒める。香りが立ったらひき肉を加えて完全に火が通るまで炒め、塩で味付けして冷ます。

2　1とマッシュポテトを混ぜ合わせ小判形に整えたら、薄力粉→溶き卵→パン粉の順で衣づけ。

3　揚げ油を中温に熱し、表面がきつね色になるまで揚げる。

★夕食

ポタージュスープ

優しい味わいで、心も体も温まります

材料（2～3人分）

マッシュポテト 1カップ分　玉ねぎ1個　牛乳3カップ　コンソメキューブ1個　塩 小さじ 1/4　こしょう 少々　パセリ 少々

つくり方

1　玉ねぎを薄切りにして、鍋に入れる。牛乳とコンソメを加えて火にかけ、沸騰したら5分煮て火を止める。

2　鍋にマッシュポテトを加え、なめらかになるまでよく撹拌する。（ハンドプロセッサーを使えば時間短縮に）

3　再度火にかけたら、塩とこしょうで味を整え、沸騰直前で火を止める。食べる際にパセリをふる。

その「1分」が味の分岐点

和える前のていねいな「水切り」

ゆで野菜を手でしぼった後、キッチンペーパーで包んでもう1しぼり。この一手間が余分な水気を取り除き、和え物やサラダをおいしく。

味をしみこませる「鍋止め」

煮終わった後に、火を止めフタをしたまま置くのが「鍋止め」。冷ますうちに加熱中に膨らんだ食材の身がしまり、中まで味がしみこみます。

最後の強火で「汁気を飛ばす」

味をしっかりとからませたいなら、調味料を足すよりも汁気を飛ばす方が効果的。水気を減らすことは、傷み予防にもつながります。

甘みを引き出す「炒め時間」

玉ねぎやにんじんなど、炒めることでぐんと甘味が増す食材があります。ほんのちょっと粘って炒めれば、自然な甘みで砂糖いらず。

実はほんの少しの手間で、お弁当のおかずはぐんとおいしくなります。例えば玉ねぎやにんじん、さつまいもなどの甘い野菜は、ちゃんと加熱すれば砂糖に頼りすぎずに甘くできる。煮物も、1分だけ強火で汁気を飛ばせば、味がよくからみ、傷みにくく。ゆで野菜もペーパーで包んでしぼるだけで、水っぽさが抜け味がなじむ。どれもとても些《さ》細《さい》なことなので、やってみるとあら簡単、習慣にもしやすい。忙しい朝の1分はとても貴重だけど、その1分で味は格段に上がり、食べたときのおいしい！　に確実につながります。

まとめ

- 大切なのは食べる人が「おいしい！」と思ってくれるかどうかだけ。他人と比べたり、世間の意見に左右される必要はありませんよ。
- お弁当には、食べる人の好物を入れましょう。好き嫌いの矯正は家での食事でがんばる方が効果的です。
- お弁当の詰め方にはコツがあります。まずはメインなどの大物から詰めて、そのすき間を量を調整しやすいおかずで埋めていく方法がよし。
- 便利な作り置きは、味が落ちにくく、アレンジの幅があるおかずに厳選しましょう。

CHAPTER

4

知るほどに楽しい！
「お弁当箱」のセカイ

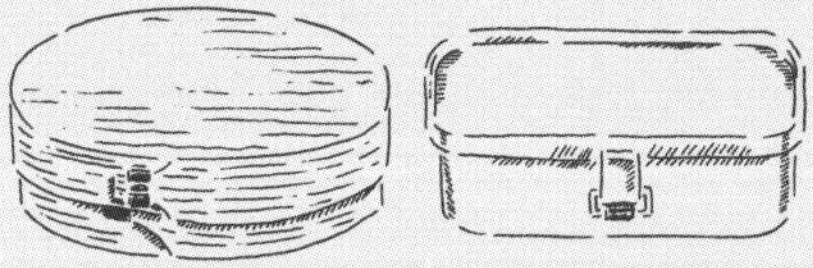

その人のお弁当の歴史は、その人の履歴書のようだと私は思います。お弁当が付き添って毎日出かける場所は、保育園や幼稚園から学校、職場へと変わり、箱の容量やデザインの好み、詰めるおかずやバリエーションも、人の成長と共に変化します。自分の子どもの頃のお弁当を見たら、きっとその小ささに驚くはず。

お弁当は、中身だけでなく、箱や食具、布などの包みも、ぜーんぶひっくるめてお弁当。よく地域の方言を「○○弁」と言いますが、例えば新潟の優れたステンレス加工技術の弁当箱に新潟米や村上川の鮭を詰めたら新潟弁、青森の刺し子の風呂敷で青森米のおにぎりを包めば青森弁、高知の虎《とら》斑《ふ》竹《だけ》の小さな行李《こうり》（竹を編んでつくられた籠）に大川黒牛のカツサンドを詰めれば高知弁ですね、というお話をします。言葉と同様に、食材や調味料、調理法、箱や食具を作る素材や加工技術に地形や風土、人の暮らしをみることができる。お弁当は、ハードとソフトが一体化した素晴らしいパッケージです。

これまで、300 種類以上のお弁当箱を使ってきました。数はさらに増え続けています。弁当文化それ自体は世界各地にあるけれど、お弁当箱の発達は日本がダントツ。ヒノキや杉、竹、蔓《つる》、布、紙、シリコン、ステンレス、アルマイト、プラスチック、魔法瓶構造、漆加工など、素材や技術、形状が実に豊か。フタの形状を見ても、かぶせ型や印籠《いんろう》型、スクリュー型、ハネ型など、おかずがずれたり、汁モレしないための工夫がそこにある。語り始めるとキリがありませんが、そんなお弁当箱たちの中から、ほんの少しですがすてきなものをご紹介したいと思います。

曲げわっぱを使ってみよう

私が集めた曲げわっぱ

新潟県長岡市　足立茂久商店
弁当箱（中）　足立照久

蒸篭や裏ごしが専門だが先代からお弁当箱を作るようになったと電話取材で聞きました。緩やかで美しい形で、大容量。夫のお弁当箱です。

長野県塩尻市　奈良宿の曲物
合わせ小判弁当（小）　花野屋

樹齢300年の木曽ヒノキと吹き漆ならではの丈夫さと美しさ。東京での取扱店での購入時、これが最後の1個でした。長女のお弁当箱。

宮崎県東臼杵郡諸塚村　宮崎めんぱ
甲斐安正

軽くて素朴、無塗料ならではの香り。ごはんを毎朝鍋炊きするので、残りごはんはこれで保存。お昼に温め直さなくても、おいしく食べられます。

私は、働き者で丈夫で素材美を持つ曲物《まげもの》が好きです。実は、雪深い青森ではトイレが戸外にあった昔、水漏れせず木の温もりを持つ曲物を「おまる」として使っていたという歴史があるほどに汎用性《はんようせい》の高い道具なのです。柾目《まさめ》の美しい生活道具、曲物は日々気軽に使えるのが最大の魅力。我が家でも菓子入れに、残りご飯を入れるタッパー代わりにと活躍中。ある文献で見つけた、20年前の全国曲物展の出展者リストをもとに、1軒ずつ電話して各地の品を少しずつ集めています。秋田県大館市が有名ですが、実は全国各地にあるんですよ。

青森県弘前市藤崎
青森ヒバのわっぱ　境勇三

藩が曲物師を置くほど栄えた津軽曲物が廃れ、今は境さんお一人が制作。武骨で下書きの鉛筆が残っていたりする。フタ付き菓子入れとして使用中。

静岡県静岡市　井川メンパ
丸型六ッ組　望月栄一

メンパも漆塗りも望月さんお一人で全て仕上げています。２個ずつ組になって大中小３つのお弁当箱に。普段のおかず入れにも愛用しています。

岐阜県中津川市　わっぱ弁当箱
早川曲物店　早川松雄

注文時「底面の木がないんですよ」と言われ、数ヶ月待って我が家に来ました。自宅作業のとき、朝に残り物をこれに詰めてお昼に食べます。

福岡県福岡市　角一段弁当箱（小）
柴田徳商店　柴田徳五郎

わっぱには角型もあるんです。これもまたステキな姿です。スリムタイプで通学かばんに入れやすいので、次女のお気に入りお弁当箱。

デメリット

- 無塗料のものは油や色汚れなどが落ちない
- 漆塗りのものは塗りが剥げる場合がある
- 水につけっぱなし、は不可
- 電子レンジ加熱不可
- 少々、値がはる
- 食洗機を使えない

メリット

- 耐久性に富む（作りがシンプルなので、部品の欠損などがない）
- 修理ができる
- 長く使っても風合いが増して古ぼけない
- 通気性がよく、冷めてもお米がおいしい
- たいしたものを詰めなくても、ステキに見える！

日本全国の曲げわっぱ

人々の暮らしを支え続けた曲物。わっぱ、めんつ、めんこ、めんぱ、がえ。これ、全部曲物の方言。全国各地に、今もその技術が息づいている地域があります

曲げわっぱの歴史

「わっぱ」は曲物（まげもの）の通称で地域方言の1つ。綰物（わげもの）、檜物（ひもの）、めんぱ、めんつなどの呼称あり。檜や杉を円形に曲げて作り、用途は弁当箱やせいろの他、水汲み道具や農具、祭事道具、茶入れなど、江戸時代まで全国各地で様々な用途で長く愛用されたものの、その後素材や技術の発達ですたれている。

ものと人間の文化史 75
曲物（まげもの） 1994 年

著者：岩井宏實
発行：法政大学出版局

「もの」を着眼点に人々が紡いできた生活の歴史を紐解く名シリーズ。仕事用に毎度毎度図書館で借りていたものを十数年前購入し蔵書に。

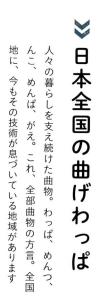

訪れたい曲げわっぱの地

福島県南会津郡 檜枝岐村

新潟・栃木・群馬３県と接し、尾瀬国立公園の玄関口。曲物や杓子など木材加工品や蔓細工など、豪雪地帯で冬が長い地域ならではの成熟した民芸品が素晴らしい。名物裁ちそばや山人料理も食べたい！

秋田県大館市

忠犬ハチ公の故郷、大館は、古くからの伝統技法が受け継がれる、日本随一の曲げわっぱの地。暮らしの中に曲げわっぱが今も根付き、大館市が本場のきりたんぽなど郷土料理とともに、食卓を彩っているそう！

長野県塩尻市 奈良井宿

宿場町である奈良井宿は、曲物はもちろん、飛騨と並び春慶塗も盛んで漆器の技術も素晴らしいのが魅力。中山道最大の難所である鳥居峠のふもとにあり、今もその風情残る町並みはぜひ散策したい。

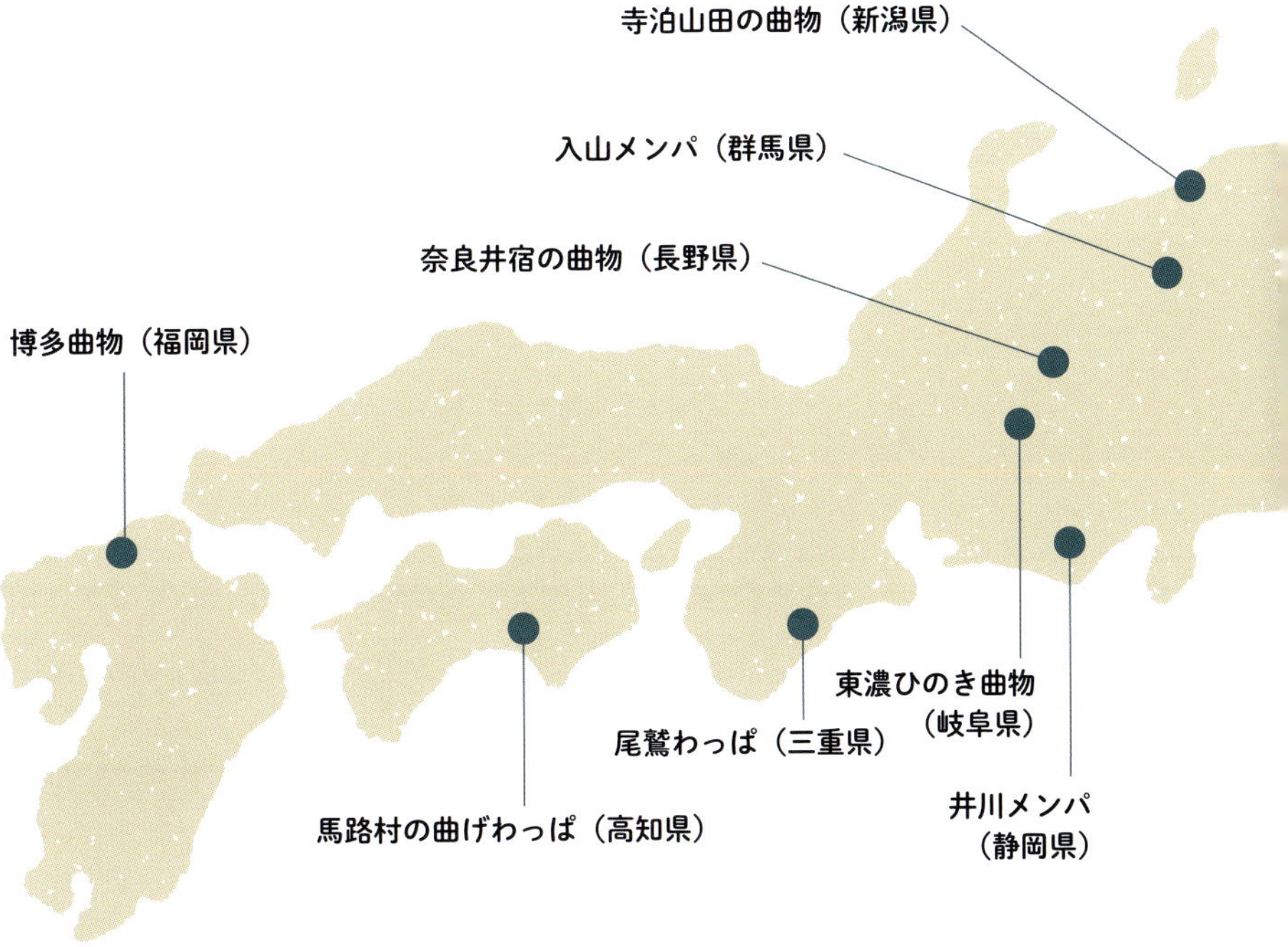

ハードユースに耐える「ステンレス・アルマイト」

工房アイザワ
角型フードボックス小

息子のお弁当箱。扱いやすい留め具なしタイプ。フタまでステンレスなのが大きな特徴。シリコン製パッキンの溝が浅めで洗いやすいのも◎。

OSK きかんしゃトーマス
アルミ子ども弁当箱 S
（仕切付）

息子がアフタースクールに入るときに、中学生の甥っ子のお下がりでもらいました。軽くて扱いやすいアルマイトは、初めてのお弁当にちょうどよいです。

金属製弁当箱の起源は軍隊。日清戦争後、ドイツから圧搾機や旋盤を輸入して日本はアルミニウムを量産し陸軍用にアルミ製飯盒《はんごう》などが作られました。これが一般に普及した後、酸に弱い欠点を補ったのがアルマイトでした。表面に花柄などの印刷加工が可能になり、昭和前半には憧れの弁当箱だったそうです。インドやタイには昔から本体もフタもステンレス製の弁当箱があります。これは、カレーでも着色や匂い移りなく堅牢な材質だからこそ。国内メーカーでは工房アイザワさんが先駆けで、金属加工の叡智が集結する新潟県燕市ならではの名作です。

メリット

〈ステンレス〉

●とにかく丈夫。割れない。凹みにくい。さびない

●清潔に洗える。食洗機 OK

●匂いがつきにくい

●色がつきにくい

●ずっと風合いが変わらない

●保温庫で温めても OK

〈アルマイト〉

●丈夫。さびないし、落としても割れない（強度はステンレスが上）

●匂いがつきにくい

●熱伝導が良いので、すぐ温まりすぐ冷める

●軽い

●油汚れが落ちやすい

デメリット

●両方とも見た目が無機質。味気ないといえば味気ない

●両方とも電子レンジ不可

●デザインの選択肢に限りがあり、「選ぶ楽しさ」に乏しい

●フタにパッキンがついていないものが多いので汁モレ注意

●アルマイトは本体にごはんがくっつきやすい

カラフルで手軽「プラスチック・シリコン」

正和　スタイリッシュランチボックスユニット BENTO オレンジ

ビジネスバッグにおさまるスリム型。食べやすさや詰めやすさを考えると、直方形タイプはここが限界かも。汁モレなしの安心感あり。

Alladin アコーディオンコンテナ グリーン L

本体中央部がシリコン素材で折りたため、フタがパッキンつきのねじ込み式なので汁モレしにくい。丼用弁当箱としてヘビーユース！

このジャンルは色やデザインだけを重視して選びがちですが、性質を知ればより自分好みを吟味できるのでちょっとお勉強を！　プラスチックと一口に言っても、ポリプロピレンやポリエチレンなど、実は様々。本体部分は熱に強いポリプロピレンが主流で、食洗機もＯＫだったりしますが、内フタなどに使われるポリエチレンは耐熱性が低いため熱で変形しやすく食洗機は不向きです。また、シリコン素材は耐熱耐寒性に優れ、柔らかい素材のため落として割れる心配もない丈夫な素材。デザインも多様です。ただし、匂いや色が移りやすいのが難点ですね。

メリット

●色がカラフルでデザイン豊富

●安価で購入しやすい

●シリコンは熱に強くレンジ加熱可能
（商品によって耐熱温度が違うので注意）

●シリコンは変形に強い（折りたたみ可）

デメリット

●匂いがつく

●色もつく

●パーツごとに耐熱温度が違うので、メンテナンスも個別対応が必要

●壊れたときに修理できない

●ロングセラー商品が少ない（色やデザインがすぐ変わる）

※ ポリスチレン（PS）とポリプロピレン（PP）の耐熱温度について。
PS の耐熱温度は 70 ～ 90 度前後と言われ、基本的にレンジ加熱は不可。
PP は 110 ～ 130 度前後温度への耐熱性があり、レンジ加熱可能です。

※ 上記の素材は、あくまで本体部分について。
フタの部分は商品ごとに素材が違う場合があります。
購入の際は、本体部分とフタ部分、それぞれの素材を確認しましょう。

夏も冬もうれしい「スープジャー」

THERMOS
真空断熱フードコンテナー
0.38L クッキークリーム

外フタと内フタが二重構造なのはサーモスだけ。密封性が高いのに開けやすく洗いやすい。耐久性もあり使い勝手が抜群。

１９９０年代に具沢山スープの商品が続々と登場し、２０００年頃からはスープがごはんという認識が定着する中、サーモス社が北米での販売実績をふまえスープジャーを発売したのが２００９年。保温保冷効果や予熱調理など機能の高さはもちろんですが、魔法瓶構造はずっと前からあり、以前の保温弁当箱でもある程度可能でした。スープジャーの一番のメリットは、注ぐだけでいいこと。盛りつけ不要、彩りもおかずの組み合わせも気にせず、それ1品でいい。しかも食べる時は熱々。手抜き感もゼロで、お弁当のお悩みを一気に解決です。

デメリット

- 6時間を越えると腐敗が進みやすくなる
- カレー等を入れると、フタのシリコン樹脂部分の匂いがとれない
- スクリュータイプのフタなので、開閉が子どもや高齢者に難しい

メリット

- 汁モレしない
- 保温、保冷に優れている
- 予熱調理ができる
- 盛りつけしなくていい
- 丈夫で壊れにくい

あなたにおすすめのお弁当箱は？

各メリット・デメリットは分かったけど、やっぱり迷う！　ならば一度こちらを試してみて。結果を見て改めて考えれば、自分が優先的に求める機能が分かるかも？

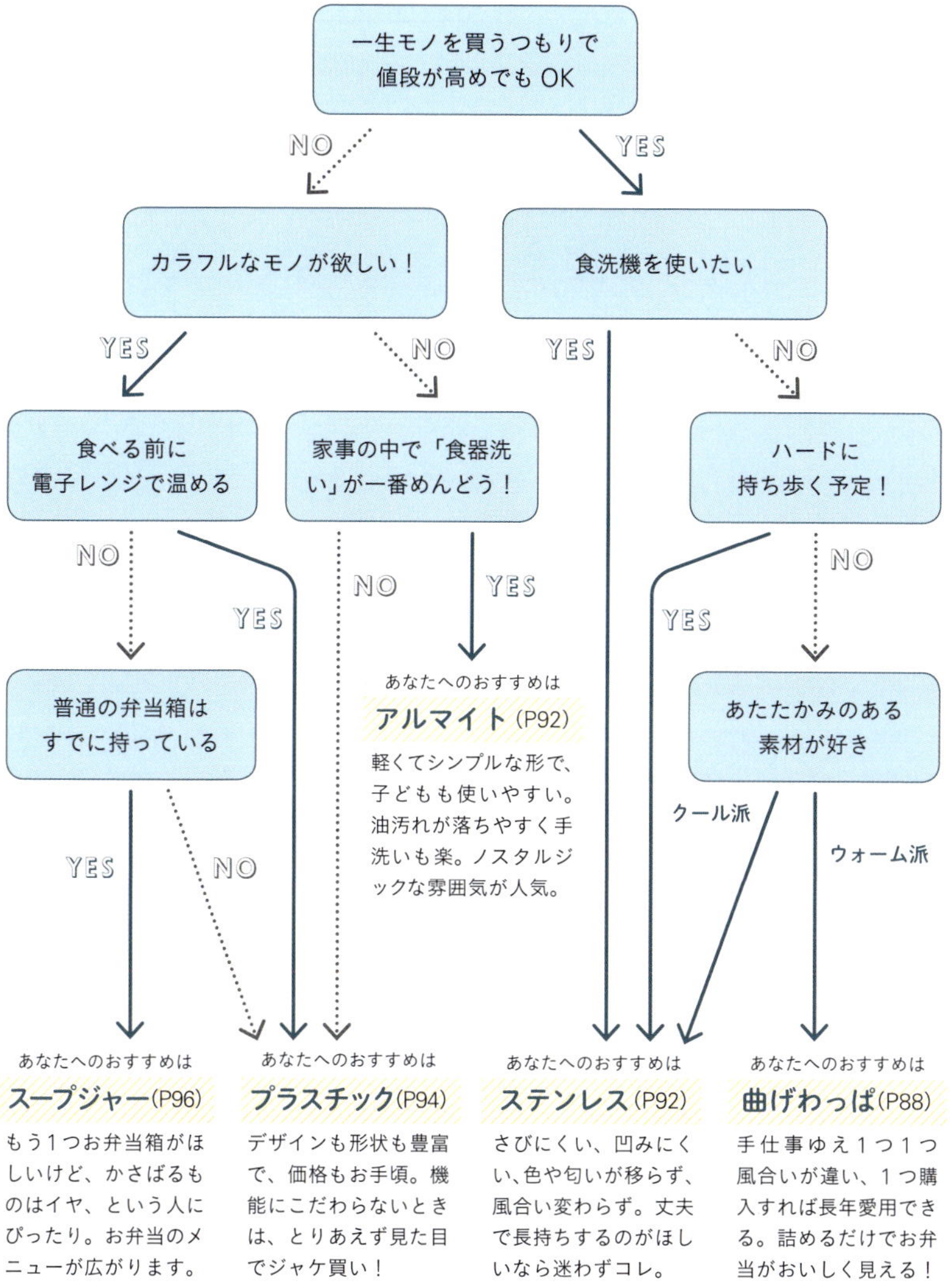

CHAPTER 5

野上家の定番
5つのお弁当レシピ

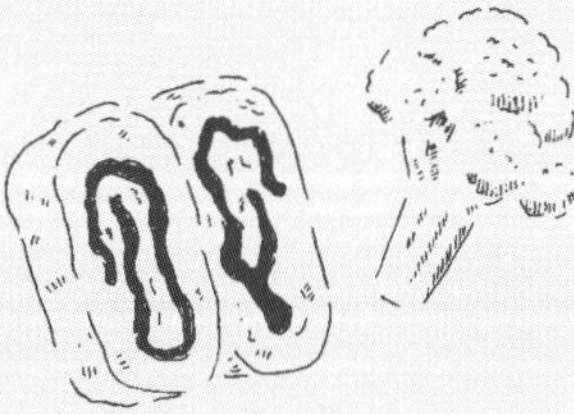

これからご紹介するのは、我が家の定番弁当です。娘たちの成長にしたがい大人中心のメニューとなったお弁当も、息子の誕生で少々変更。この定番も息子が大きくなるにつれて、きっとまた変わっていくに違いありません。

豚の生姜焼きは夫の大好物。毎日でもいいほど好きなんだとか。野菜の肉巻きは、長女が幼稚園の頃から子どものお弁当の定番。野菜の揚げ浸しは、次女の大好物。緑の野菜は、息子が好きなブロッコリーやいんげんあたりがよく入ります。りんごのレモン煮も子どものお弁当の定番で、大好物。幼稚園では冬にはお弁当を保温庫で温めるので、ミニトマトを入れられない。その代わりになるさっぱりした箸休めを入れたくて、これが定番になりました。そして、家族全員満場一致の人気者が、にんじんの味噌きんぴらです。

と、１つ１つに、家族の食の好みがひもづいています。お弁当には、必ず数回食卓に出してみんなの反応の良かったものを入れます。嫌いなものは入れません。お弁当箱のサイズも食べる量が増えるにしたがって変えていったりと、常に密かにカスタマイズ更新しています。

フタを開けておかずを見たとき、「これは自分の好物だから入れてくれたんだ」と家族はすぐに気づくはず。そして、その量もお腹が満たされて、「ごちそうさま」が言える、ちょうどいい量だったなら、わざわざ私が何かを言わなくても、「自分のために作ったのだ」と思うことでしょう。それで十分。

言葉のない、作り手と食べ手の密な対話がお弁当です。饒舌《じょうぜつ》さは不要。「作る」と「食べる」で成立する、コミュニケーション。誰もにお弁当の思い出があるのは、それゆえかもしれません。

我が家の王道弁当1

- ご飯
- 焼きブロッコリー
- 豚の生姜焼き
- 海苔巻き卵焼き
- 野菜の揚げ浸し
- にんじん味噌きんぴら

私とお弁当

甘・辛・酸の組み合わせと5色の彩り、このお弁当には私のお弁当ルールが詰まっています。しかもどれも、作り方も味付けも単純で、ご飯に合うものばかり。

海苔巻き卵焼きは、中学生の頃からのメニュー。私の母の卵焼きは、中に何も混ぜないシンプルな卵焼き。でも当時『おべんとう十二か月』というレシピ本を眺めていたら2ページ目に「もみ海苔入りの卵焼き」のレシピがあって、作り方も簡単でおいしそうだけど、なんと完成写真が白黒。よく分からず「うーむ」と思っていたら、ある日隣の席の男の子のお弁当に、まさにその海苔入り卵焼きが。黄と黒のコントラストが美しいこと！人のお弁当を覗くなんてお行儀悪いですが、思わず「お母さんのお弁当、とってもきれいね！」と声をかけました。翌日すぐに自分でも試してみて、そのうち海苔をちぎるの面倒だからとそのまま巻くようになり、いつしか今の形になりました。

思い出のお弁当といえば、青森の父方の祖母のおいなりさん。とても料理上手な人でした。祖父母の家に行くとずっとキッチンにいて、祖母が魔法のように次々こしらえる郷土料理を眺めて味見をしたものです。津軽のおいなりさんは、すごく甘い。もち米だけで炊くのでやわらかく、具は紅しょうがや錦糸卵。それをお重箱にきれいに並べて運動会に持ってきてくれたり、私たちが祖父母の家から帰るときにも、道中に食べなさいと折詰にしてよく持たせてくれました。祖母が亡くなってから何度か作ってみましたが、どうも違う。母は静岡の人なので「あの味はおばあちゃんでなくちゃ出せないわね」とよく懐かしく思い出しながら、いつか作れるようになろうと思っています。

我が家の王道弁当1

ご飯、焼きブロッコリー、豚の生姜焼き、海苔巻き卵焼き、野菜の揚げ浸し、にんじん味噌きんぴら

1 ご飯 黒 白

---

2 焼きブロッコリー 緑 辛

材料（1人分）

ブロッコリー 1～2房
オリーブ油 小さじ2
塩 少々

つくり方

1　ブロッコリーを小房に分ける。
2　フライパンにオリーブ油を熱し、ブロッコリーを焼く。茎に軽く焼き色がつけばOK。
3　塩を軽くふって味付けする。

---

3 豚の生姜焼き 茶 甘辛

材料（1人分あたり）

豚薄切り肉2枚
しょうがのすりおろし 少々
しょうゆ 小さじ2
酒 小さじ1
みりん 小さじ1
ごま油 少々

つくり方

1　バットにしょうがのすりおろしとしょうゆ、みりん、酒を入れて軽くまぜ、そこに豚肉を広げて加えて10分漬ける。
2　ブロッコリーを焼いたフライパンにごま油を熱し、1の豚肉を入れて両面に焼き色がつくまで焼く。
3　漬け汁を加えて汁気がなくなるまで焼いて味をからめる。

④ 海苔巻き卵焼き 黄 甘

材料（1人分あたり）

卵 1個
みりん 小さじ1
砂糖 小さじ1
塩 1つまみ
海苔 1/4切
菜種油 少々

つくり方

1　卵にみりんと砂糖、塩を加えてよく溶き合わせる。
2　卵焼き用のフライパンに油を熱し、卵液を流し込む。
3　5割程度火が通ったら海苔を乗せ、8割火が通ったところで奥から手前に巻くように卵を返して成型する。

＊2人分以上で作る場合は、2〜3回に分けて卵液を流し込んで成型。その際、海苔は1回目に巻く。

---

⑤ 野菜の揚げ浸し 赤 緑 甘酸

材料（作りやすい量）

なす 3本
赤パプリカ 1個
ししとう 5〜6本
揚げ油 適量
〈合わせ酢〉
昆布 1片（5cm程度）
水 1/2カップ
米酢 50ml
しょうゆ 大さじ2
砂糖 大さじ1

つくり方

1　なすと赤パプリカは乱切り。ししとうはヘタをとる。なすは水にさらしてアク抜きして水気をふきとる。
2　〈合わせ酢〉の材料をガラスなどの耐熱カップに全て入れて、600Wで3分レンジ加熱する。バットに移して冷ましておく。
3　揚げ油でさっと野菜を揚げ、熱々のうちに〈合わせ酢〉に浸ける。

＊冷蔵で約1週間もつので、多めの分量で作って夕食の副菜にも！

---

⑥ にんじん味噌きんぴら 赤 ：p24参照

フレンチトースト弁当

・フレンチトースト
・にんじんサラダ
・りんごのレモン煮
・オクラとアスパラの肉巻き

「子育て」で
大事なことは少しだけ

フレンチトースト弁当は大学生の娘たちが幼稚園の頃からの定番で、幼稚園年長の息子も大好物。ご飯を炊くより早くて簡単です。

保育時間の長い、保育園じゃないの!?　と驚かれるのですが、子どもが小学生になるまでは毎日一緒に歩いて通園したくて幼稚園に。それは、子どものためではなく、自分のため。人生では、子育てより仕事をする時間の方がきっと長いはずで、仕事はこの先自分の努力でなんとかなっても、子どもは成長したら時間は戻せない。ならば、この数年の働く時間を多少削っても子どもとの時間を作る方が人生の価値として優先度が高い、と思っています。

もちろん現実は息子を後ろに乗せて必死にママチャリをこぐ朝も多々あり、娘たちも大学の帰りにお迎えに行ってくれたりと、毎日バタバタ！　私は企業に属していないので、働く時間をある程度調整できるからこそかもしれません。家族の大きな理解と協力はもちろん、延長保育もよく利用し、週2日は学童保育。困った時は抱えず、周りに相談し「お願いします！」と正直に頭を下げる。快く力を貸してくれる人って意外と身近にたくさんいることを、子育ての中で学びました。

徒歩通園の日の息子は、歌を歌い、雑草を摘んであちこち寄り道。娘たちもそうでした。私自身、ずっと自由で親の言うことを聞いた覚えもなく、その分人生の寄り道や大きな失敗もした。大人でもそうなのだから、子どもは尚更。親子とはいえ違う人間、言うことを聞かせようってのが土台無理な話。元気ならよし。子どもってあっという間に大きくなります。手をつないで歩く時間は人生のほんのわずか。それは私の人生を幸せに、豊かにしてくれます。

フレンチトースト弁当

フレンチトースト、キャロットラペ、りんごのレモン煮、オクラとアスパラの肉巻き

① フレンチトースト 白 茶 甘

材料（1人分あたり）

バゲット 4～5切れ
卵 1個
牛乳 1/2カップ
砂糖 大さじ1
バター 小さじ1
菜種油 小さじ1

つくり方

1　卵と牛乳、砂糖をまぜた卵液にバゲットを浸ける。
2　3分浸けたら、ひっくり返してもう3分。卵液を全て吸い取るまで浸ける。
3　フライパンにバターと油を熱し、バゲットを入れる。3分焼いたらひっくり返してもう3分、両面にしっかり焼き色がつけば完成。

---

② キャロットラペ 赤 酸 ：p24参照

---

③ りんごのレモン煮 黄 甘

材料（作りやすい量）

りんご 1個
レモン 1/6個
砂糖 小さじ2
水 50ml

つくり方

1　りんごは皮と軸を取り除き、いちょう切りにして鍋に入れていく。
2　鍋にレモンをしぼり、砂糖と水を加えてフタをして火にかける。
3　沸騰してきたら弱火で5分煮て火を止め、フタをしたまま常温になるまで冷ます。

④ オクラとアスパラの肉巻き 緑 白 辛

材料（1人分あたり）

オクラ 1本
アスパラガス 1本
豚薄切り肉 2枚
酒 小さじ2
塩 少々
こしょう 少々
オリーブ油 小さじ2

つくり方

1　オクラはヘタを切り、塩（分量外）をふって軽く板ずりして洗い流し、産毛をとったら水気をふきとる。アスパラガスは根元の皮をむいて半分に切る。

2　オクラとアスパラガスをそれぞれ豚肉で巻く。半分に切ったアスパラガスは2本並べて一緒に巻く。

3　フライパンに油を熱し、肉の巻き終わりを下にして焼く。3分焼いてしっかり焼き色がついたらひっくり返し、酒をふってフタをして中火で3分蒸し焼き。

4　フタをとって火を強め、水気をとばしながら塩とこしょうをふって味付けする。盛りつけの際は斜め切りにして断面を見せる。

我が家の王道弁当2

・枝豆ご飯
・焼き鮭
・さつまいもの甘露煮
・小松菜ナムル
・ひじきの煮物

身の丈にあった生き方が生きやすい

私は、普段使う食材と調味料と調理器具で、普段通りの調理法でお弁当を作ります。おかずも、ものすごく手の込んだものもなければ、ステキな飾り切りも特にしません。詰めるお弁当箱も凝ってなくていい。どちらかといえば、丈夫な方が大事。食材の色がちゃんとあれば、細かな細工やグッズはいらないし、同じお弁当箱を使い続ければ、おかずの配置がなんとなく決まって詰めるのが早くなる。時間のない中でお弁当を直接食べる人でない誰かや何かを意識しての過度の小細工は屁の河童《かっぱ》。この「適当さ」が長続きのゆえんかもしれません。

仕事でも何でも、ある日突然何かスペシャルな力が宿る訳でなく、たいていは模索しながらの毎日の経験の積み重ねで工夫が生まれ、耐性や体力がついて、ふと気づけば1年前の自分よりもできることが増えていた、というものだろうと思っています。

私は、誰かに見せるために生きているわけではなく、時に人にこう見られたいと思ったところで、他者評価はコントロールできない。どんなにハリウッド女優のように見てほしい！と背伸びしたって、世の中は絶対にそう見てはくれません。化けの皮ってすぐにはがれ、はがれたときの恥ずかしさといったら。そしてものすごく自分の値を下げることになる。それよりも、まあ自分の実在と他人からの見え方のズレが大きくない方が、自分もがっかりしないし、きっと生きやすい。

お弁当も同じ。朝昼夜、日々の食事の中の1つであって、そして毎日続きます。毎日の時間と、自分のできることには限りがある。背伸びし続けると疲れちゃう。続けるならストレスはできるだけない方がいいですよね。

我が家の王道弁当 2

枝豆ご飯、焼き鮭、さつまいもの甘露煮、小松菜ナムル、ひじきの煮物

① 枝豆ご飯 緑 白

材料

ご飯

塩ゆで枝豆

つくり方

ご飯に枝豆をまぜる。

---

② 焼き鮭 赤 辛

材料（1 人分あたり）

塩鮭 1 切れ

つくり方

グリルで鮭を焼く。グリルがない場合は、フライパンで焼いても良い。その際は焦げつかないように酒大さじ 1 をふりかけ、フタをして蒸し焼きにする。

---

③ さつまいもの甘露煮 黄 甘辛

材料（作りやすい量）

さつまいも 1 本

砂糖 小さじ 2

しょうゆ 小さじ 2

水 1/2 カップ程度

つくり方

1　さつまいもはたわしでこすり洗いして、皮付きのまま輪切りにして、切った先から水（分量外）にさらす。

2　鍋に水気を切ったさつまいもを入れ、分量の水と砂糖を加えて火にかける。

3　沸騰したら弱火で 5 分、しょうゆを加えてさらに 5 分。汁気がなくなるまで煮る。

④ 小松菜ナムル 緑 白 辛

材料（1人分あたり）

小松菜 1株
塩 少々
ごま油 少々
白ごま 少々

つくり方

1　小松菜は塩（分量外）を入れた湯でさっとゆで、水気をしぼって食べやすい大きさに切る。

2　ボウルにごま油と塩、白ごまを入れ、塩の粒がなくなるまでまぜたら、小松菜を加えて和える。

＊小松菜は、1束まとめてゆで、お弁当以外の分を冷蔵庫に入れておき、夕食のおひたしや味噌汁の具などに使うと便利！

---

⑤ ひじきの煮物 赤 黒 甘辛

材料（作りやすい量）

乾燥ひじき 50g
油揚げ 1枚
にんじん 1本
みりん 大さじ3
しょうゆ 大さじ2
ダシ（前夜のうちに
昆布でとったもの。p58参照）
1カップ

つくり方

1　ひじきは湯（分量外）で戻し、ザルに入れながらふり洗いした後、水気をよく切って鍋に入れる。

2　油揚げは湯通しして油を抜き千切りに。にんじんも千切りにし、それぞれ切った先から鍋に入れる。

3　2の鍋にダシを入れて火にかける。沸騰したらみりんを加え、フタをして5分。

4 その後しょうゆを加え、さらにフタをして10分煮たら火を止めて、そのまま冷ます。

スープジャー

・ガスパチョ
・豚汁

いつでも、どこでも、とにかく「ほめる！」

スープジャーのいいところは、盛りつけ不要で、基本的に「煮る」という調理で完結するシンプルさ。しかも、形状も使い方も単純なのに熱々冷え冷えを提供し、「お弁当は常温」という常識を完全に覆す機能性の高さ。その良さを理解して認めれば、機能を十二分に生かせます。中学生の頃テニス部だった娘たちは、真冬の練習試合にテニスコートの端っこで震えながらお弁当を食べていました。その中でのスープジャーの熱々は、おいしさ倍増、どれほどうれしかったことか！

良さを理解し認めることがそのものを生かす、それは人間関係でも同じ気がします。「ママのごはんおいしい」と言われると、お調子者の私はうれしくて「また作ろう！」と思う。だから、子どもたちがなにかをできたら全力でほめ、同じぐらいママもうれしい！と伝える。夫がグラスを1つ洗ってくれても、全力でほめてお礼を言う！出し惜しみせず。

私は小さい頃からおてんばでおしゃべりで、余計なことを言って時々母を困らせる事件も起こしたに違いなく、いくつも身に覚えもあり、冷や汗が出そう。でも、母はそれを叱りませんでした。母は静かな人で私と正反対ですが、よく「天真爛漫《らんまん》とはユコ（私の呼称）のことねえ」と言ってくれました。短所と言わずほめてくれたことで、私は自己肯定力を持つことができました。そんな私も、余裕がなくて、プライドがジャマして、ひねくれて、素直に人の良さを認められなかった苦い思い出があります。

ほめると、子どもたちはうれしそうです。それを見ると私もうれしい。私もほめられたらうれしい。言わなきゃやっぱり伝わらない。ほめられるってうれしいものですね。

スープジャー

豚汁・ガスパチョ

豚汁 赤 緑 白

材料（1 人分あたり）

豚薄切り 肉 1 枚
ねぎ 1/4 本
大根 1cm
人参 1cm
レンコン 1cm
小松菜 1 株
水 1 カップ
味噌 大さじ 1
酒 小さじ 1
しょうゆ 小さじ 1

つくり方

1　野菜と豚肉はそれぞれ食べやすい大きさに切る。

2　鍋に水を入れて火にかけ、沸騰したら豚肉を入れる。豚肉に完全に火が通ったら小松菜以外の野菜を加え、沸騰したらアクとりして 3 分煮る。

3　味噌、酒、しょうゆを加えて味付けし、最後に小松菜を加えて火を止め、熱々のうちにスープジャーへ。食べる頃には野菜にしっかり火が通って味がしみている。

作ってから 6 時間以内に食べきりましょう

一般的なスープジャーの保温効力は 6 時間が目安。その後は徐々に温度が下がり、菌が繁殖しやすくなってしまうことも。例えば、朝 7 時に作ったものは当日の 13 時に食べきるようにしましょう。

② ガスパチョ 赤 緑 白

材料（1人分あたり）

トマトジュース 1缶
きゅうり 1/4本
ピーマン 1/2個
紫玉ねぎ 1/4個
にんにくすりおろし
少々（省略可）
食パン 1/2枚
オリーブ油 大さじ1/2
酢 小さじ1
塩 少々
こしょう 少々
氷 3個

つくり方

1　スープジャーに氷を2個入れて、あらかじめ冷やしておく。

2　野菜は全てみじん切りにする。

3　トマトジュースと氷（1個）、食パン、オリーブ油、酢、塩、こしょうをボウルに入れてミキサーでペースト状にする。みじん切りにした野菜を加える。

4　スープジャーの氷を取り出し、3をジャーの中に移してすぐフタをする。

・卵とブロッコリーのサンドイッチ
・ロコモコ丼

お弁当における「ねばならぬ」は捨てる。

　いつもいつも冷蔵庫に潤沢に食材があるわけもなく、早起きが好きな私ですが、寝坊することももちろんある。5色を詰め込んだお弁当がよくても、そうは問屋が卸さぬ日だってあります。そんなときはごはんに乗っけるだけの丼や、具をパンで挟むだけのサンドイッチといった1品弁当が大活躍。盛りつけも気にしなくていいから気楽。でもそれは、別に手抜きでなく、今でき得る中でのおいしいものなんだから上等です。カツとキャベツとパンだけのカツサンドを見て「やったー！　今日お肉パンだ！」と息子なんて大喜びですから。1日3食あるんだから、お昼野菜が少なめなら夕食に食べればいいこと。食べてくれる人が、おいしいと思って喜んで食べてくれれば何より。

　食べる人が喜んでいるにもかかわらず、もし何らかの罪悪感を持つなら、その理由はどこにあるんだろう。お弁当のできばえの完成度の低さ？　その完成度は誰のためだろう。

　仕事でも育児でも、1つのことに入り込んでディテールにこだわりすぎて全体を見失うことがあります。俯瞰せずにこれも相手に有益、あれも使い勝手をよくするからと盛り込んで、結局自分をがんじがらめにして難しくなり本意が伝わらず、ただ相手に理屈を押し付けるだけになり、しまいに自分も疲弊して楽しさを見失ってしまう。

　材料が少なければ、少ないなりでいいし、お弁当を作りたくない日は作らなくていいです。一歩外に出れば、おいしいものを食べさせてくれるお店はたくさんあるんだし。

　材料がない、時間がない。意外と、そういう切羽詰まった状況のときこそ火事場の馬鹿力。そんなときに、驚くほどおいしいものができたりしてね。

一品弁当

ロコモコ丼・卵とブロッコリーのサンドイッチ

1 ロコモコ丼 赤 黄 緑 茶 白

材料（1人分あたり）

ハンバーグ 1 個
卵 1 個
ミニトマト 2 個
アボカド 1/4 個
コーンバター（p26）少々、
ラタトゥイユ（p24）大さじ 1
レモン汁 少々
菜種油 小さじ 1
ご飯 1 人分

つくり方

1　お弁当にご飯を詰めて平らにならしておく。お弁当の深さの半分ぐらいが目安。

2　ミニトマトはそれぞれ 2 〜 4 等分にする。アボカドは角切りにし、アボカドには変色止めにレモン汁をかける。

3　フライパンに油を熱し、卵を割り入れ目玉焼きを作る。両面焼きにして卵に完全に火を通す。冷めたら食べやすい大きさに切る。

4　同じフライパンにラタトゥイユ*とハンバーグ、水（分量外：大さじ 1）を入れて火にかけ、煮詰まったら火を止める。

5　ハンバーグや目玉焼き、野菜の具をお弁当のご飯の上に乗せる。

*ラタトゥイユがない場合は、ケチャップとウスターソース各大さじ 1 で代用しても OK！

ハンバーグ

材料（作りやすい量）

合いびき肉 750g
玉ねぎ 1 個
卵 1 個
しょうがすりおろし 小さじ 1
パン粉 1 カップ
牛乳 大さじ 2
塩 小さじ 1
こしょう 少々
菜種油 小さじ 1

つくり方

1　みじん切りにした玉ねぎを耐熱皿に入れてラップをし、600 W で 3 分レンジ加熱。しんなりしたら取り出して冷ます。

2　ボウルにパン粉、牛乳、溶いた卵、塩、こしょうを入れてまぜ、パン粉が水気をすってやわらかくなったらひき肉としょうがを加えて粘り気が出るまでこねる。10 〜 12 等分にして成型する。

3　フライパンに薄く油を敷いたら、成型したハンバーグを並べて火にかける。3 〜 4 分焼いて焼き色がしっかりついたらひっくり返し、フタをして 5 分。中心まで完全に火を通す。

*冷蔵で約 3 日間、冷凍で約 10 日間保存できます。焼いた際に出てくる余分な脂はキッチンペーパーで吸いとると、冷ました際に油が白く固まりにくくなり、おいしく保存できますよ。

② 卵とブロッコリーのサンドイッチ 黄 緑 白

材料（1人分あたり）

食パン
(8枚または10枚切り) 2枚
卵2個、ブロッコリー 1/2個
マヨネーズ 大さじ2
塩小さじ1/6
こしょう 少々
辛子・バター 各適量

つくり方

1　卵は固ゆでにして殻をむき、マッシャーやフォークなどでつぶす。

2　ブロッコリーは塩ゆでにして、水気をしぼって粗みじん切りにする。

3　卵とブロッコリーに、マヨネーズ、塩、こしょうを加えて混ぜ合わせる。具の完成。

4　パンに辛子とバターを塗り、具をはさむ。ラップで包み重石をして、15分ほど冷やしたらお好みの大きさに切る。

私のお弁当バイブル

おべんとう十二か月

（1965 年　女子栄養大学出版部）

月ごとに園児や大人、高校生向きなど食べる対象を設定したレシピを紹介。後半に詳しい栄養解説があるのは、女子栄養大学ならでは。（現在は絶版）

お弁当人生の、まさに出発点といえる一冊。母の本棚にあったもので、もうボロボロですが、子どもの頃から何度も何度も何度も眺め、今もふとペラペラめくります。初版が昭和40年で私より長生きの大ベテラン。今のようにフルカラーではなく、完成写真も白黒のページがたくさん。想像力を働かせながら自分で作り、初めて完成した姿を我が目で確認して、なるほど！　と合点したものです。今では当たり前のミニトマトはどこにも見当たらず、一方ナマリ節や鯨のメニューがあったり、当時の食事情もうかがえて飽きることがありません。

小林カツ代のおべんとう決まった！

（1998年　講談社）

スタイリングや雰囲気に凝りすぎたウソっぽさがなく、本当においしそうで、実用的な本。手早く作るノウハウや小さなアイディアも満載。

表紙を見ると、ちょっと拍子抜けするかもしれません。飾り立てておらず、一昔前に流行った「それではフタ、閉まらないでしょ！」な、リアルじゃない盛りつけでもなく、身近な食材が詰まったお弁当。でも、絶対においしいはずで、しかも短時間に作れることが見て分かる。毎日限られた時間で作り、お子さんにおいしいものを食べさせたいという思いが、そのまま溢れています。その潔さと、作り手の実用を見失わない姿勢に、そうそう、やっぱりそうですよね！　と、なんだか背中を押されたような気がして思わずうれしくなるのです。

時季イベントは我が家流で楽しむ

年中行事、というとなんだか気難しそうなイメージだったりしますが、元々貴族が行っていたものを庶民が勝手にまねをして、そのうちに慣習になったものがたくさんあり、地域によっても違うもの。元々の行事の意味を理解しさえすれば、あとは取り入れやすいところを我が家流に楽しめば良い、と思っています。行事には、それにちなんだ説話があって、旬の食材にもつながるので、食べながら話す話題としても楽しいものばかり。それに何より、毎年同じ日に同じものを作るだけなので、実はメニューに悩む必要がないので楽ちんなんです。

我が家が取り入れる年中行事

1月1〜3日　正月

おせち料理、雑煮を。（元旦は包丁を使いません。掃除も「福を掃き出して良くない」ので、掃除もしません）
おせちは、田作り、黒豆、たたきごぼう、きんとん、はんぺん、焼き物、お煮染め、赤飯、紅白なます、煮豚、昆布巻き、紅白蒲鉾、酢だこ、アンズの甘煮を。

1月7日　七種粥

七草をお粥に入れて朝食に。

1月11日　鏡開き

お供え餅を木づちでたたき、半日干して、揚げておかきに。

1月15日　小正月

朝食に小豆粥。小豆の赤色は魔除けと言われ、無行息災を願って小豆の入ったお粥を食べる。

1月下旬　大寒のあたり（立春の前まで）

味噌をつける。寒仕込み。

2月3日　節分

朝食は、いわしの丸干し、五目豆、最近は細巻き（恵方巻き）も。夜に豆を投げる。
イワシの丸干しは焼いて頭を柊の木に刺して玄関にかける。豆は「鬼の魔目を打つ」から。恵方巻きは流行に便乗。適当な具を酢飯で巻くだけだから簡単。

2月11日あたり　初午

お稲荷さんの日。稲荷寿司を食べる。

3月3日　雛祭り

娘の良縁を願ってはまぐりで潮汁。ひなちらしは、ピンク（桃色）・緑・白が入ればよし。

3月23日　彼岸

お仏壇があるので、それにお供えがてらぼたもちを作る。

5月5日　端午の節句

菖蒲の葉をお風呂に入れて菖蒲湯に。
柏餅は作るときもあるし、買うときも。
カツオは、お刺身だったり、てこね寿司だったり、カルパッチョだったり。

6月　入梅のあたり

梅、らっきょうをつける。

7月7日　七夕

願い事をかいて笹に。

7月〜8月　夏の土用、丑の日

ウナギや瓜を食べる。（うのつくもの）

9月9日　重陽の節句、栗節句

菊花節。栗ごはんと菊の酢の物を食べる。

9月15日あたり　中秋の名月

月見団子を作る。秋の草花と里芋、果物をお供えする。

9月23日　彼岸

おはぎを食べる。

12月下旬　冬至

かぼちゃの甘煮を食べる。柚子湯に入る。

12月31日　大晦日

年越し蕎麦を食べる。

週末は外国の料理にトライする

子どもの頃に小説に出てきて「食べてみたいなあ！」と思ったものがたくさんありました。お店に食べに行って「これがそうなのね！」と感動したことは数えきれず。それがいつも心のどこかにあるのか、母国と違う料理はなんだかすごくワクワクします。いつもとちょっと違う食材や調味料をふんだんに使って、心おきなく料理を楽しめる週末、その夕食は家族みんなが揃う、本当に待ちに待った時間。この時間のために平日頑張っているようなもの。わいわいとにぎやかに、大いに飲み、食べ、話します。

少しずつ集まってきた外国料理のレシピ本

荻野恭子さんのロシア・トルコ地域の家庭料理レシピシリーズは、実用的で分かりやすく今すぐ作りたくなります。世界各地を旅行したときは、現地の本屋さんに立ち寄ってその国のレシピ本を毎回購入します。

異国の料理は動画から学ぶ

日本語で分かりやすい解説をしてくれるレシピ本を購入することもあれば、旅先で現地のレシピ本を買うこともあります。読んでもちょっと分かりにくいときは、動画検索。現地の言葉で検索すれば、たくさん本場の料理番組を見つけることができます。言葉がわからなくても、ちょっとしたこね方のコツとか、調味料を加えるタイミングとかが、見るとすごく分かりやすくなる。百聞は一見に如かずだなあ、と思います。

食材について

外国の料理をするときは、いつもと違うスーパーマーケットに行ったり、普段使い慣れない食材を購入する絶好のチャンス。最近は、週末マルシェなどをのぞくと、見慣れない野菜がたくさんあります。そこには新たな大好物との出会いがあったり、「あれ、形が似てると思ったら、いつも食べてる○○にそっくり！」という発見があったり。これもまた、百聞は一見に如かず。

おわりに

この本を手に取ってくださった方、そして最後のこのページまでたどり着いてくださった方に、心からお礼を申し上げます。本当にありがとうございます。執筆にあたり、私とお弁当の付き合いを改めて振り返りました。中学高校の通学弁当、高校時代に運動会のたびに親友のリクエストで重箱弁当を作ったこと、大学時代に帰省したときも出勤前の母にお弁当を作り（父は毎昼外食派でした）、妹と同居していた頃は妹にも毎日お弁当を持たせたっけ、とか。きっとそれは、私にとって大切な人たちへ私なりの音のない会話だったようです。

私は一度、離婚という人生のリセットをしまして、そのとき家も車も家具も、ぜーんぶ捨てました。新たに自分でゼロから積み上げよう、と。娘たちと笑って毎日過ごせる時間と、働ける元気な心身さえあれば、なんにもいらない。人生で大事なものは実はわずかなのだと、このときに思いました。住んでいた戸建から母娘3人で暮らす小さなマンションに引っ越す朝も、練習試合に出かける長女にお弁当を持たせ「いい？　ここじゃなくて、マンションに帰ってくるのよ！　間違えないでね！　試合頑張って！」と威勢良く送り出したことを覚えています。その後、娘たちに支えられながら土日もなく仕事に駆け回る私にとって、部活や塾のために作るお弁当はやはり音のない会話だったに違いなく、きれいに食べた空のお弁当箱は、一緒にいない時間もなんとか元気に過ごしてくれた証のような気がしました。その後再婚し、息子も生まれ、家族5人とても幸せな毎日の中で、今日も家族にお弁当を持たせます。言葉通りかけがえのない3人の子どもと、仕事や生き方を理解し共に歩んでくれる夫は私の全てです。

執筆中に、96歳になる祖父宅に遊びに行った際、突然祖父が「優佳子にあげよう」と出してくれたのはお弁当箱でした。朱塗の青森ひばの提重で、中には野上の名入りの吹き漆の五段重箱。70年ほど前に祖母のために職人さんにこしらえてもらい、父たちが子どもの頃運動会などで活躍したそうです。祖母が亡くなって19年後の形見分けでした。その帰りに寄り道した叔母の家でもらったのも、偶然にもお弁当箱。半世紀以上前の、津軽塗でも珍しい漆黒の紋紗塗《もんしゃぬり》という技法で中に2段の菜入れがある角型のもの。こうしてまた2つお弁当箱が増えました。やっぱりお弁当とは、縁が深いようです。

最初にお話をいただいたとき、特別にお伝えできることがあるだろうかと、とまどいました。でも今、この機会をくださったワニブックスの吉本さん、有牛さん、そして丁寧に私を導いてくれた編集者の高木さんに心から感謝しています。いつも私の仕事を支えてくれるカメラマンの貝塚さんとスタイリストの大谷さんに、今回も助けられました。本当にありがとうございました。では、みなさまのお弁当生活が幸せでありますよう！

STAFF

撮影　貝塚純一
デザイン　MARTY inc.
スタイリング　大谷優依
イラスト　相田智之
ヘアメイク　貞廣有希
校正　玄冬書林
協力　UTUWA
編集　高木沙織
編集統括　吉本光里　有牛亮祐（ワニブックス）

お弁当づくりの地頭がよくなる

お弁当のセカイ

著　者　野上優佳子

2015年11月10日　初版発行

発行者　横内正昭
編集人　青柳有紀
発行所　株式会社ワニブックス
〒150-8482 東京都渋谷区恵比寿4-4-9 えびす大黑ビル
電話 03-5449-2711（代表）
03-5449-2716（編集部）
ワニブックスHP　http://www.wani.co.jp/
〈正しく暮らす〉シリーズHP　http://www.tadashiku-kurasu.com/

印刷所　凸版印刷株式会社
製本所　ナショナル製本

ISBN978-4-8470-9391-3

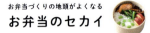